汽车后市场从业胜经

10天玩转汽车销售

许福有 编著

《10天玩转汽车销售》以汽车销售基本流程为框架，围绕购车客户的典型需求与期望，通过剖析核心环节的工作难点和常见问题，结合故事与案例，系统讲解了汽车销售顾问应当掌握的专业知识和业务技能，以及应对不同实战场景的思路、技巧和话术，力求帮助读者以极具代入感的方式，高效掌握汽车销售的底层逻辑与核心技法，快速进入角色、树立信心、做出业绩。

本书既可供刚走上汽车销售岗位或有志于从事汽车销售工作的朋友自主学习，也可用作汽车经销企业的岗位培训教程，还可供中高职院校及应用型本科院校的汽车相关专业师生参考。

图书在版编目（CIP）数据

10天玩转汽车销售 / 许福有编著. — 北京：机械工业出版社，2024.1
（汽车后市场从业胜经）
ISBN 978-7-111-74583-9

Ⅰ. ①1… Ⅱ. ①许… Ⅲ. ①汽车 – 销售 Ⅳ. ①F766

中国国家版本馆CIP数据核字（2024）第018552号

机械工业出版社（北京市百万庄大街22号 邮政编码100037）
策划编辑：孟　阳　　　　　责任编辑：孟　阳
责任校对：孙明慧　牟丽英　　责任印制：单爱军
保定市中画美凯印刷有限公司印刷
2024年3月第1版第1次印刷
169mm×239mm・13.25印张・222千字
标准书号：ISBN 978-7-111-74583-9
定价：99.90元

电话服务　　　　　　　　　网络服务
客服电话：010-88361066　　机　工　官　网：www.cmpbook.com
　　　　　010-88379833　　机　工　官　博：weibo.com/cmp1952
　　　　　010-68326294　　金　书　网：www.golden-book.com
封底无防伪标均为盗版　　机工教育服务网：www.cmpedu.com

前言

当下,汽车行业正经历着百年未有的大变革,新技术、新产品、新业态不断涌现。汽车行业的可持续健康发展,不仅取决于技术创新,还取决于服务创新和从业人员综合素质的提升。国内汽车消费市场日趋成熟,汽车消费群体越发多样,也越发理性。汽车是仅次于房产的大额耐用消费品,消费者自然会给予更多的关注和更高的期望,这就对汽车销售服务的标准、流程和执行都提出了较高的要求。

无论是汽车制造商间的竞争,还是汽车经销商间的竞争,本质上都是人才的竞争。高素质汽车销售人员是汽车经销企业真正的核心竞争力,这已经是行业共识。而汽车销售人员在销售过程中展现的职业素养和专业技能,既是自身立足职场的根本,也是汽车经销企业稳定经营和持续发展的基础。

在汽车销售行业,业绩就是尊严。大多数初闯汽车销售行业的人,其实都是站在同一条起跑线上的,为什么经过一年甚至半年的岗位历练,就会在业绩上天差地别?为什么有的人能客源不断、月月销冠,而有的人只能望车兴叹、月月垫底?大多数情况下,这并不是个人能力的问题,而是职业态度和工作方法的问题。本书大量引用了被誉为"世界上最伟大销售员"的乔·吉拉德(Joe Girard)的故事,一个没有高等教育背景、在35岁前一无所有,甚至还欠着6万美元贷款的人,在一个经济环境相对严峻的年代,如何凭借一腔热忱和执着,把汽车销售工作做得"出神入化",创造了至今无人打破的连续12年日均销售6台车的纪录?今天,许多学历比他高、条件比他好的销售顾问,为什么每天看起来风尘仆仆,却业绩平平?

汽车销售表面上是在卖车，实质上是在帮助人们实现更美好的生活方式，满足人们希望被尊重、被认同的需求。这是笔者在汽车经销企业一线工作近三十年的深刻感悟。大量工作实践表明，汽车销售顾问如果只会"卖车"，就永远也卖不好车。因为销售工作的核心并不是"车"，而是"客户"，努力让车的价值与客户的需求相匹配，并提供超越客户预期的利益，依靠可持续的、健康的信赖关系来使客户心甘情愿地接受你的产品，这才是真正的销售。在笔者看来，一名合格的、有潜质成为"销售冠军"的汽车销售顾问，必须具备七项技能：综合知识、客户利益、顾问形象、行业权威、沟通交流、客户关系和压力推销。本书将告诉你，这些技能的含义是什么，怎样才能具备这些技能，怎样将这些技能运用到岗位工作中，怎样逐步提升自己的技能水平以及怎样凭借这些技能在岗位工作中脱颖而出。

当你选择成为一名汽车销售顾问时，你就选择了一种充满激情和挑战的生活。激情让你不断学习，挑战让你快速成长。销售工作就像一场激烈竞争的游戏，只有循环往复地学习、实践、提升，才能让你更快进入角色、更快发挥潜力，避免失误、减少代价。在你领悟了销售工作的真谛、掌握了销售工作的方法后，你会发现，这项工作所能带来的回报，无论是精神层面的，还是物质层面的，都会让你无悔于最初的选择。

当你捧起这本书时，恭喜你，你已经向成功迈出了一大步！

读罢这本书，不要忘记，将学到的知识运用到工作实践中，用实践检验学习成果，才能让知识永远与你同行！

目 录

前言

第 1 章 汽车销售顾问的职业"根"
1.1 汽车销售顾问的职业内涵与资质要求 /002
1.2 汽车销售顾问的工作剖析 /004
1.3 三位一体的职业角色 /006
1.4 职业特点与品质素养 /008
1.5 汽车销售顾问的核心技能 /011
1.6 汽车经销店的职位与职责 /013

第 2 章 汽车销售顾问的职业"范"
2.1 打造职业形象 /017
2.2 待人接物的礼仪 /019
2.3 把拓展人脉作为职业习惯 /022
2.4 汽车销售必备汽车技术知识 /023
2.5 汽车销售必备汽车分类与品牌知识 /030
2.6 汽车销售必备业务知识 /036
2.7 知识面越宽离成功越近 /040
2.8 汽车销售新手的入门路径 /044

第 3 章
做好潜在客户的开发与管理

3.1 谁是我们的潜在客户？　/049

3.2 我们的潜在客户在哪里？　/052

3.3 怎样高效开发潜在客户？　/055

3.4 销售机会的创造与发掘　/057

3.5 持续真诚关怀客户　/058

3.6 潜在客户管理的认知误区　/061

第 4 章
做好进店客户的接待与跟踪

4.1 怎样迎接进店客户？　/065

4.2 开场白的作用与技巧　/070

4.3 怎样赢得客户的好感？　/072

4.4 不同客户的接待方法　/075

4.5 怎样主导话题？　/077

4.6 怎样让客户配合留资？　/081

4.7 离店恭送与联络跟进　/083

4.8 不同级别客户的跟踪方法　/088

第 5 章
快速厘清客户的真实需求

5.1 客户进店的 n 个理由　/092

5.2 需求分析的内容与作用　/092

5.3 需求分析的流程与步骤　/096

5.4 怎样了解和分析客户的需求？　/098

5.5 怎样发现客户的需求？　/102

5.6 怎样管理和引导客户的需求？　/105

5.7 不同阶段的成交促进策略　/111

5.8 我们到底是卖产品还是卖需求？　/112

第 6 章
做好车辆静态展示与介绍

6.1 车辆静态展示管理 /117
6.2 产品介绍的内容与作用 /119
6.3 产品介绍的流程和要领 /120
6.4 六方位绕车介绍的要领 /123
6.5 绕车介绍的注意事项 /126
6.6 FAB 介绍法 /128
6.7 恰到好处的竞品对比 /130

第 7 章
做好车辆试乘试驾服务

7.1 试乘试驾的目的与基本流程 /134
7.2 试乘试驾前的准备工作 /135
7.3 试乘试驾过程的工作要领 /138
7.4 客户不同反应的应对与处理 /140
7.5 试乘试驾后的反馈评估 /142
7.6 试乘试驾效果的改善 /143

第 8 章
做好成交洽谈与异议处理

8.1 成交洽谈的基本流程 /147
8.2 积极面对和分析客户异议 /149
8.3 妥善处理异议的方法 /152
8.4 不要反感客户的议价 /155
8.5 报价的原则和方法 /158
8.6 典型客户的洽谈技巧 /161
8.7 捕捉成交信号 /162
8.8 签约过程的事务性工作 /162
8.9 怎样应对客户签约后反悔? /164

第 9 章 做好新车交付

- 9.1 新车交付流程与工作梳理 /167
- 9.2 客户的担忧与期望 /170
- 9.3 交车前的准备工作 /170
- 9.4 交车过程中的工作 /173
- 9.5 交车过程中的工作要领 /176
- 9.6 交车后不忘深化关系 /180

第 10 章 做好购车客户的回访与跟踪

- 10.1 回访跟踪有什么意义？ /184
- 10.2 购车客户回访的目标、内容和流程 /185
- 10.3 回访和跟踪的技巧 /186
- 10.4 怎样化解客户的不满和投诉？ /190
- 10.5 怎样发展老客户转介绍？ /192
- 10.6 对客户维护的延伸思考 /194
- 10.7 销售冠军的成功之道 /195

附录 1 汽车销售冠军的学习之路 /198
附录 2 汽车销售顾问自主实战训练 /199

第1章
汽车销售顾问的职业"根"

导 读

你喜欢汽车销售顾问这个职业吗?你了解汽车销售顾问的工作内容吗?你知道怎样才能做好汽车销售工作吗?你知道立足这个职业的"根"是什么吗?专业汽车消费咨询和导购服务是顾问式汽车销售的重要特征,而汽车销售顾问的七个核心技能是这一特征的具象体现。面对不断变化的客户服务需求,要想赢得主动,做得潇洒,就必须练苦功、苦练功,端正从业态度、夯实专业知识、丰富业务技能,用真实力征服客户,用大热情感染客户,用好服务留住客户。

1.1 汽车销售顾问的职业内涵与资质要求

1. 职业内涵

就消费价值而言，汽车是大多数中国家庭除房产外价值最高的资产；就使用周期而言，汽车是使用周期较长的耐用消费品；就使用和维护难度而言，汽车因结构复杂、技术密集度高，使用和维护难度远超多数消费品。因此，在消费者选购汽车的过程中，消费咨询、导购服务对其确定投资决心有至关重要的影响，也会直接决定其对投资效果的满意程度。那么，汽车销售顾问的职业内涵是什么？汽车销售顾问就是为客户提供顾问式专业汽车消费咨询和导购服务的工作人员。

2. 工作原则

汽车销售顾问的工作原则，是以客户的需求和利益为出发点，为客户提供符合其需求和利益的汽车销售服务。客户在汽车经销店接触的第一件"商品"是销售顾问，客户到底买谁家的车，很大程度上取决于销售顾问的服务态度和服务技能。让每一位有购车需求的客户，能够欣然接受购车方案并毅然做出购买决定，并非一朝一夕之功。因此，汽车销售顾问是汽车经销店的核心岗位。

帮助客户购买到一台称心如意的汽车，会给客户及其家人留下长久的温暖记忆，为其生活品质的改善与提高带来持续影响。

3. 择业资质

什么样的人适合做汽车销售顾问呢？也就是说，在你打算从事汽车销售顾问这一职业前，应该做哪些方面的准备呢？汽车销售顾问的岗位关系和工作条件又是怎样的？这些问题的答案详见表1-1～表1-3。

表1-1 汽车销售顾问任职要求

所需文化及专业	最低学历	所学专业	其他说明
	大/中专及以上	汽车、商贸、机械等	其他相近专业、同等学历
所需技能及培训	职业技能	厂家培训	职位基础
	有驾照、参加过相关培训	销售顾问等级认证培训	沟通及文笔、计算机
所需经验及身体	具有1年及以上汽车及相关行业工作经验		
	身体健康，能适应快节奏、高负荷的工作及必要的加班，符合品牌要求的体形容貌，忌纹身		
基本素质条件	①具有较强的学习能力，能较快熟悉业务流程、销售政策和相关法规，善于总结与积累经验； ②具有较强的语言沟通和文字表达能力，善于与客户沟通，具有同理心； ③能较快掌握汽车理论知识，熟悉汽车构造及使用常识，有驾照并能熟练驾驶汽车； ④能熟练使用计算机和办公软件； ……		
个人性格特征	①自信开朗、乐观向上、正直守法、诚实守信； ②善于沟通、口才好； ③心理承受力强，敢于接受挑战和压力，有开拓创新精神； ④既能坚守原则，敢于负责，又具合作精神； ⑤宽以待人、胸怀坦荡、临危不乱； ……		
备注	对汽车销售顾问而言，服务意识、经营意识、责任意识是核心，要注意培养与锻炼自己的事务管理协调能力、独立担当能力，除超越权限的事项外，尽量独立处理各种事务，鞭策自己成长		

表1-2 汽车销售顾问岗位关系

接受监督	销售总监	
实施监督	展厅经理或销售经理	
职务关系	可直接升迁的职务	销售经理、展厅经理、销售总监、内训师
	可互相转换的职务	销售后勤、试驾专员、服务顾问、客服专员、行政专员

表1-3 汽车销售顾问工作条件

工作时间	工作环境	工作负荷
通常是早9:00—晚5:00，须轮休且经常加班	室内、室外各一半	杂事多、比较忙

4. 择业思考

从前文不难看出，在你打算从事汽车销售工作前，先要冷静客观地认真审视自己：在身形容貌、受教育程度等条件上是否能满足基本要求？是否掌握了计算机操作和汽车驾驶等基本从业技能？如果这些"硬性指标"都合格了，还要看看自己是否具备信念坚定、诚信正直、善于学习、善于换位思考等素质，因为这决定了你能在这条职业道路上走多远。

除了一些高端品牌外，其实汽车销售顾问的应聘门槛并不高。只要你肯学习，入行能遇到比较好的师傅带，就都能轻松上手。如果以前从没接触过相关工作，开头的几个月可能比较难熬，你要做好从最基本的事情学起、做起的准备，不要怕受累，要主动学习汽车构造知识，掌握汽车使用常识，下功夫背熟所售品牌车型的尺寸和配置信息。实习期的工资通常比较低，转正后有能力独立承担销售任务后，肯定能拿到相对可观的收入。因此，耐得住入行初期的寂寞和辛苦是很重要的。

就个人性格和兴趣看，适合、喜欢这个行业肯定是做好工作的主要因素，但不一定是决定因素。汽车销售是与人打交道的工作，性格外向、豪放直爽当然是有利条件，但性格内向、细腻谨慎并不一定是不利条件，内向细腻的人在与客户沟通时往往更有耐心，对客户诉求的理解会更准确深刻。因此，内向的人只要能自信坚强，在不同的环节、不同的场景扬长避短，也一定能做好汽车销售工作。

1.2 汽车销售顾问的工作剖析

1. 主要工作内容

汽车销售顾问的主要工作内容包括客户开发、客户接待、销售导购、销售跟进、销售洽谈、销售成交等。此外，还可根据客户及所在经销店的要求，兼做旧车置换、金融按揭、车险延保、装饰改装、精品销售，以及协助验车上牌、车险理赔、车辆年检等衍生业务。具体工作内容如下：

1）执行品牌厂商的汽车营销策略、销售政策。

2）开发潜在购车客户，按时完成汽车销量指标。

3）按规范流程接待客户，向客户提供购车咨询及配套服务。

4）协助客户办理车辆销售的相关手续。

5）积极解决或反馈售车过程中出现的问题。

6）对成交客户进行使用情况的跟踪服务。

7）做好客户的沟通工作，提高客户满意度，做好忠诚客户的培养工作。

2. 不同工作境界

从上述工作内容可以看出，汽车销售顾问表面上是在卖车，而实质上是以车为介质开展围绕人的一系列工作。只要把人的工作做好，服务做到位、关系维护好，你手里的车就不难找到"主人"，并使"主人"满意。实践中我们会发现，不同的销售顾问会把同样的工作做出不同的境界：

1）**围人**：能把客户围住，善于"死缠烂打"，初步具备接近客户、推介购买的能力。

2）**维人**：能与客户建立长期稳定关系，不只是简单的买卖关系，而是朋友关系，工作格局相比"围人"有提升。

3）**为人**：不仅能把产品销售出去，还能把自己"销售"出去，能赢得客户的心，靠人品促成交易，达到销售工作的至高境界。

再从购车客户的角度看，绝大多数客户都是经过打拼才具备了购车的经济实力，在筛选出相对明确的购买目标前，可能要经过全家人的反复商议和比较，特别是初次购车的客户，整个选购过程中，那种心理上的兴奋、快乐是难以言表的。因此，作为汽车销售顾问，要能与客户共情，用积极乐观的态度打动客户：

1）乐观的人能发现工作和生活中的真善美，到哪儿都是"阳光使者"。

2）销售就是信心的传递和信念的转移，你的情绪时刻都在感染着客户。

3）乐观的销售让客户获得快乐的消费体验，让客户更愿意向你敞开心扉。

4）乐观的销售能战胜挫折，发现事物积极的一面，让你的机会总比别人多。

3. 不同工作内涵

一般的销售就像瞄准一只静止不动的鸟，若没射中，鸟就飞了；而营销就像是在地上撒谷子，把鸟引过来，再想办法把鸟养起来。换言之，营销是营造动态氛围，看到的不止是一位客户，而是整个市场的客户。因此，实际

工作中,汽车销售顾问要时常思考以下"重要口诀"并切身实践:

1)找到客户重要,找准客户更重要。
2)了解产品重要,了解需求更重要。
3)搞清价格重要,搞清价值更重要。
4)融入团队重要,融入客户更重要。
5)口勤腿勤重要,心勤脑勤更重要。
6)获得认可重要,获得信任更重要。
7)达成合作重要,持续合作更重要。
8)卓越销售重要,无需销售更重要。

1.3 三位一体的职业角色

1. 角色要求来自职位

近年来,我国汽车产销量都达到了 2000 余万台的规模,双双位居世界第一位。在绝大多数汽车从生产厂到达终端客户手中的过程里,都有汽车销售顾问的参与。可以说,车主的称心用车体验,以及汽车产业的繁荣发展,都离不开广大汽车销售顾问的热情服务和辛勤付出。因此,汽车销售顾问理应得到人们的理解与尊重,他们是汽车产业大舞台上的核心角色之一。

在汽车销售的不同阶段,从不同的评价角度出发,汽车销售顾问所要扮演的角色是有一定差异的。汽车生产厂、汽车经销商和购车客户,对汽车销售顾问有着不同的期望,后者的工作内涵也因此存在着潜移默化的转变与延伸。

汽车销售顾问首先要做好购车客户的参谋,其次要做好汽车生产厂、汽车经销商与客户间的沟通桥梁,最后不要忘记为汽车生产厂和汽车经销商赚取利润。实现多方共赢,是汽车销售顾问的职责所在,见图 1-1。

图 1-1 汽车销售顾问的角色

2. 三位一体的角色内涵

1)客户购车的参谋。站在客户的角度考虑问题,为客户营造相对宽松的购车氛围，消除客户的疑虑；将专业的汽车知识、购车常识，以简明易懂的方式告知客户；关注客户的需求，区分"需要"和"想要"，帮助客户在品牌、车型、使用、资金、时间等方面做出合理清晰的规划。

2）厂商与客户的桥梁。在售车前及售车后，将汽车厂商的销售政策、质保政策及时传达给客户，同时，向厂商反馈客户提出的有关产品和服务的问题与需求，促进产品和服务不断提升；力争使汽车厂商与客户共赢。

3）厂商的利润中心。汽车销售顾问是汽车经销商的雇员，因此满足客户需求是建立在确保企业利益的基础之上的。在寻求企业利润最大化的同时，还要致力于营造品牌口碑，培养和维护忠诚客户。客户忠诚，企业才可能持续赢利，这是汽车销售的根本。

3. 超越角色的职业赢家

汽车销售顾问在扮演好三位一体角色的前提下，要努力成为购车客户、车主的亲密朋友，唯此，你才可能有更多机会与客户接触，通过与客户的沟通交流，捕捉到他们消费心理的微妙变化。汽车销售顾问要成为在营销战场上善于察言观色、评人品味的"心理专家"，成为对所售产品了如指掌、对竞品明察秋毫、善于创造和把握商机的"营销专家"，最终，你会成为阳光向上、博学多知、善解人意的"职业赢家"。

4. 学会"加减乘除"工作法

客户要服务满意度，经销商要销售完成率，生产厂要品牌忠诚度，作为汽车销售顾问，时刻要被这些期望所包围，加之社会、家庭的压力，的确需要一颗坚强的心。选择抱怨，杯盏里就只有徒增消沉的苦酒；选择坚守，生活中就可能迸出奋发的音符。抱怨，只能使你成为回忆的奴隶；坚守，能使你成为职场的主人。你的角色你做主，认清自我，找好定位，做一个聪明的职场人，学会用"加减乘除"的方法，来锚定自己的职业路径，展现自己的价值。

所谓做加法，就是根据职位需要，缺哪些就补哪些。如果你是刚入职的"小白"，就需要多积累、掌握汽车的构造知识、使用常识；如果你已经入职半年以上，就需要多学习、实践销售流程、导购技能。这决定了你能否步入工作佳境。

所谓做减法，就是有所不为，少做那些难以胜任的工作，避免做无用功；不做那些对职业成长不利的事，避免误入歧途。

所谓做乘法，就是"做你最拿手的菜"。一个人最擅长的，就是他/她最靓的名片。锚定自己最擅长的方向，找到合适的平台（企业），融入合适的团队（部门），在合适的岗位上尽情施展才华，才是合理的职业规划。

所谓做除法，就是做人做事都不能"贪"。职场中能赚到钱的事有很多，但有些可能让你面临难以承受的风险，有些可能并非你所擅长的方向，这些你都要学会舍弃。有一些事，确实努力过，但仍然不能成功，就要及时放弃。

1.4 职业特点与品质素养

1. 职业特点

汽车销售顾问的工作绝不仅仅是"卖车"两个字可以概括的。客户围绕汽车产生的各种需求，包括但不限于养车用车、自驾出游、卖车换车等，第一"响应人"都可能是汽车销售顾问。因此，汽车销售顾问不是单纯的销售人员，而是客户的"汽车生活首席顾问"，他们销售的是一种便捷、舒适、美好的品质生活方式。

然而，"表面风光、内心彷徨，比骡子还累、比蚂蚁还忙"，确实又是许多汽车销售顾问工作生活状态的真实写照。一方面，随着我国新车销售市场由爆发式增长阶段走向存量竞争阶段，消费者的汽车消费理念日趋理性；另一方面，由于环境污染和交通拥堵的影响愈加显著，排放法规日趋严苛，各地的限牌限行政策也趋于常态化。这就导致了汽车销售顾问所面临的挑战和压力与日俱增。销售业绩就是尊严，销售业绩就是身价，这对新车销售行业而言已经成为不争的事实。那么，新形势下汽车销售顾问的职业特点都有哪些呢？

1）既要熟悉车，又要熟悉人。熟悉车毫无疑问是每个汽车销售顾问都要掌握的基本功，而与客户建立亲密无间的情谊，把你熟悉的变成客户认可的，才是高效完成业绩的关键所在。

2）表面光鲜，内心彷徨。衣着得体，收入不菲，这是大众对汽车销售顾问的普遍印象。然而，在如今的市场环境下，库存高企、降价促销已成常态，销售顾问工作负荷高、压力大，岗位收入放眼全行业也不再"独领风骚"。

3）1:2:4:3原则。调查表明，在汽车销售顾问这个岗位上，只有10%的人能做到潇洒自如，有20%的人能做到业绩优秀，有40%的人只能做到保住饭碗，剩下30%的人或早或晚都会被淘汰。

4）薪酬上不封顶，下不保底。大多数汽车经销商在汽车销售顾问岗位上采用"低底薪＋高业绩提成"的薪资模式，因此，业绩普通的人与业绩优秀的人收入差10倍是很正常的事。

5）失败远多于成功。正常情况下，一名汽车销售顾问一天可能要接待十几位甚至几十位客户，最终能促成交易的客户很可能只有个位数，有时甚至是颗粒无收。面对这种工作常态，学会自我激励就显得十分重要。

2. 做自己命运的建筑师

我们先来看看在汽车业界传为佳话的两位汽车销售的事迹。

美国传奇汽车销售乔·吉拉德

1928年出生于美国密歇根州底特律市的乔·吉拉德，是公认的全世界最厉害的汽车销售，被吉尼斯世界纪录大全授予"世界最伟大推销员"称号。

1963—1978年，吉拉德总共销售出13001台雪佛兰汽车。不算前3年的所谓"入行期"，他在12年间平均每天销售6台汽车，这项纪录至今仍没有人打破。你可能无法想象，吉拉德患有严重的口吃，到35岁时还一事无成，甚至欠着6万美元的贷款。他在走投无路时，加入了一家雪佛兰汽车经销店。吉拉德说："成功的自我销售主要取决于你对他人的态度，而你对他人的态度则主要取决于你对自己的态度。"为行业发展做出特殊贡献的吉拉德，受到了第38任美国总统福特的接见，并在2001年入选美国"汽车名人堂"（Automotive Hall of Fame）。

中国最牛汽车销售邹国明

来自江西上饶的邹国明，自入行汽车销售开始，6年没休过一个节假日，几乎每天都要工作到晚上9点才回家，以平均1天卖1台车的业绩，4年买了两套房。

邹国明在大学二年级就结了婚，大三就有了小孩。因此，让一家人过上好日子，早早就成了他的奋斗目标。邹国明说，他为自己是汽车销售感到骄傲和自豪，因为"是汽车销售为公司创造了利润，是汽车销售为公司的每一个人发工资"。

两位身处不同国家、不同时代的汽车销售，有一个共同的特点，就是选择了一个职业，就坚持把它做到最好，恒心和毅力让他们筑就了成功之路。

3. 学会自我激励

正因为收入上不封顶，也下不保底，汽车销售工作的挑战性是非常强的。既然挫折与失败是家常便饭，就要学会自我激励，努力把自己锻炼成任何困难都打不垮、每天以灿烂笑容迎接朝阳的"超人"，见图1-2。

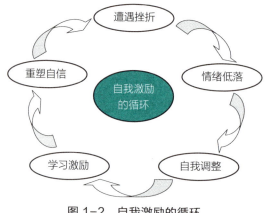

图1-2　自我激励的循环

1）学会自我情绪调整。心理学研究表明，人的能力在正常情况下只能发挥20%~30%，情绪低落时还会低于这一水平。而在受到良性激励，心情舒畅的情况下，就有可能发挥80%~90%的能力。尝试把控和调整自己的情绪，是做好汽车销售的第一步。

2）学会自我暗示。利用一切空闲时间，例如早上起床洗漱时、上班乘车时、中午/晚上就餐时、晚上入睡前，想一些能让自己开心的事，读一些励志故事或情绪管理类书籍/文章，寻找灵感，增强信心，激发热情。

3）学会制订目标和计划。很多人之所以缺乏做事的动力，就是因为缺少明确的目标和计划。制订目标要量力而行，并且要把大目标分解成一个个相对容易实现的小目标。这样，每一个小目标的达成，都是对自己的一次激励。对汽车销售顾问而言，小目标可以是一天接待和联系多少位客户、一天/周卖出多少台车，大目标可以是一年赚到多少钱、几年晋升到什么职位。养成制订目标和计划的习惯，你就会看到一个不一样的自己。

4）巧用激励方法。对于新入职的销售顾问，可以选择品行、技能和业绩都不错的一位同事，作为自己的标杆，取长补短，激励自己不断向"最好"前进。此外，日常可以有意识地多看一些具有正向激励意义的影视剧，多听一些旋律或愉悦或激昂的歌曲，这些都不失为有效的激励方法。

1.5 汽车销售顾问的核心技能

人的天赋差异是客观存在的，而天赋和努力哪个更重要呢？有人说天赋决定了上限，努力决定了下限。实践也表明，天赋不足的人，只要肯努力，完全可以做到"胜任"的水平，甚至可能创造奇迹。

作为汽车销售顾问，你的业务潜力、发展空间是由什么决定的呢？想必很多人都从没认真思考过这个问题，即使有所思考，也不清楚如何找到自己的薄弱点，进行有针对性的训练提升或策略性规避。有行业研究机构根据销售职位行为科学，归纳出了销售顾问的七个核心技能，可以有效帮助你定位薄弱点，突破发展瓶颈，见图1-3。

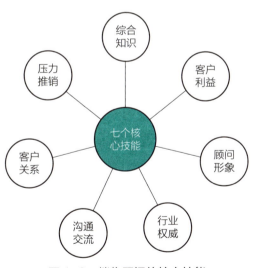

图1-3 销售顾问的核心技能

1）综合知识。包括汽车行业知识、汽车技术知识、品牌产品知识、市场营销知识、消费心理知识等。

2）客户利益。你要关注什么样的人购买了或使用着你所销售的产品，准确理解客户的需求是什么，从客户的利益角度出发，有针对性地为客户遴选产品并介绍产品特征，使客户产生深刻印象，进而获得客户信任。

3）顾问形象。要通过专业严谨的答疑解惑、无微不至的周全服务，塑造值得信赖的顾问形象，让客户在遇到与汽车相关的问题时，总能第一时间想到你、求助于你。

4）行业权威。大多数客户对汽车没有专业认知和深入了解，因此选购行为在很大程度上受到所谓"行业权威"的影响。如果你能通过展示自己的行业资质/荣誉、企业业绩/荣誉、客户口碑，将自己塑造为"行业权威"，就很容易通过建议影响客户的购买决策。

5）沟通交流。达成良好沟通的前提是学会倾听。倾听也不是完全被动的，要适时适度地表示赞同或赞赏。回答客户问题前要做好铺垫，先肯定客户的合理观点和要求，再主次分明、有理有据地回答。

6）客户关系。客户购车往往不是单独决策，亲朋、同事、商业合作伙伴等的意见都会对他/她形成不同程度的影响，如果你能伺机让这些"影响者"与你站到一边，就很容易引导客户决策。

7）压力推销。除了贴心的顾问式服务外，适当运用压力推销方法也会非常奏效。通过抓住不同客户的不同心理状态或性格特点，尝试利用他们的"弱点"，用让利、褒奖等方式快速促成交易。

上述七个核心技能中，针对销售顾问自身的有综合知识、顾问形象、行业权威和沟通交流，涉及客户的有客户利益和客户关系，聚焦销售顾问与客户互动的是压力推销。

综合知识是做好销售顾问的基础，是你在客户面前树立顾问形象和行业权威形象的前提。同时，扎实的专业知识、广博的横向知识，也会为你的沟通交流增色添彩。

客户利益是销售工作的出发点，如果背离了或没有弄清这个出发点，做再多的努力都是徒劳。客户关系在不同客户的投资决策中有不同的作用，购车人未必就是决策人，不弄清决策人或不重视决策人，很容易功亏一篑。

行业权威形象的价值

2010年初春，中央电视台准备为各省新闻站采购配备一批采访专用车，要求在功能和质量上满足高强度的使用需求。项目负责人在找到笔者（时任Jeep品牌某4S店总经理）面谈时说，他们其实前一天已经选定了某品牌车型,本打算向上级提报,但返程路上,恰好听到笔者正在北京人民广播电台交通广播(FM103.9)"汽车服务热线"栏目中做 Jeep 品牌专题直播,这让他们对 Jeep 品牌车型有了全面深入的了解,觉得与采购要求高度匹配,于是决定来找笔者进一步咨询。在与笔者沟通后,他放弃了原来选定的车型,决定采购 Jeep 车型。最终,经过上级批复,他们一次性从笔者所在的店采购了 31 台 Jeep 车型。后来,由于对产品和服务都很满意,他们又追加采购了 11 台商务工作车。

1.6 汽车经销店的职位与职责

走上汽车销售顾问岗位前,有必要厘清汽车经销店(4S 店),也就是你所在的企业的部门架构、岗位设置/职能,这有助于你尽快适应工作环境、掌握工作流程、搞好工作关系、把控工作进度,详见表 1-4、表 1-5。

表 1-4 汽车经销店(4S 店)常设部门及可能工作关系

序号	常设部门	可能的名称及可能包含的关系
1	行政管理部	行政办公室、总经办、行政后勤部、综合管理部、综合部等;可能包含人事部
2	财务部	含财务审计部
3	人力资源部	人事部;可能包含在行政管理部内
4	销售部	可能包含二手车置换部、电商部、精品改装部、市场部和客户服务部
5	售后服务部	特约服务/维修站(部);可能包含客户服务部、备件管理部和保险理赔部
6	备件管理部	备件部;可能包含在售后服务部内
7	市场部	基本没有其他名称;可能包含在销售部内
8	改装部	可能包含在销售部内
9	客户服务部	基本没有其他名称;可能包含在销售部或售后服务部内
10	保险理赔部	保险部;可能包含在售后服务部内

表 1-5　汽车经销店（4S 店）工作岗位及职能

部门	岗位名称	主要工作职能
企业管理层	董事长、总经理、厂长、店长等	负责企业发展规划及全面的经营与管理工作
	副职	协助总经理或厂长、店长，负责车辆销售、维修或某一具体业务管理工作
行政管理部	行政经理（主管、主任）	负责企业的行政管理和后勤保障等工作
	行政专员、专职司机	协助经理专管某一具体行政后勤工作，单位车辆、公务驾驶等
	保安员（门卫）	负责企业的安全保卫、人员进出，有可能是劳务派遣人员
	保洁员	负责企业内部环境设施的清洁工作，有可能是劳务派遣人员
	网管员	负责企业计算机、网络及通信设备的维护工作
财务部	财务经理（主管）	负责企业的财务管理工作
	会计	负责企业财务账目核算工作
	出纳	负责企业银行账户管理及现金业务工作
	收银员（价格结算员）	负责对购车、修车客户的收费结算工作
人力资源部	人力资源主管（人事经理）	负责企业人员的绩效管理和招聘工作
	人事专员	负责企业人员的人事档案、入职离职、劳动保险、绩效核算工作
销售部	销售总监、销售经理	负责企业销售部的全面工作（销售业务、人员管理）
	销售顾问	主要负责向购车客户介绍车辆并提供购车咨询服务，具体办理售车事宜
	展厅经理	负责汽车展厅的管理工作
	前台接待员	负责引导购、修车客户到指定地点办理相关业务
售后服务部	售后总监（站长）	负责企业售后服务部的全面工作
	服务经理	负责售后业务、客户服务及服务顾问（维修接待员）管理工作
	服务顾问（维修接待员）	负责维修车辆的外观与故障检查、车辆信息登记和维修工单制作等工作，并负责就在厂维修车辆有关事项与客户联系确认

第1章 汽车销售顾问的职业"根"

（续）

部门	岗位名称	主要工作职能
售后服务部	技术主管（兼内训师）	负责解决维修中的疑难问题，指导维修技术作业，对人员进行车型技术培训
	车间主任（主管、经理）	负责维修车间管理，安排协调维修技师工作，掌握维修进度，监督维修质量
	车间协调员、调度员	负责分配并安排维修车辆的具体作业人员
	机电维修/保养技师	负责车辆机械与电气故障的检测与修理，以及车辆的保养工作
	钣金技师	负责事故车辆的整形修复工作
	喷漆技师	负责车辆的喷漆工作
	质量检验员	对车辆维修质量和竣工车辆总体质量进行检验
备件管理部	备件经理（主管）	负责维修备件业务管理工作，保证供应和合理库存
	备件计划员	根据备件库存，制订备件需求计划
	备件及仓库管理员	发放维修车辆所需零配件并对库房、工具进行管理
	索赔员	就存在质量问题的配件与汽车生产厂协调办理索赔业务
保险理赔部	保险经理或主管	负责汽车保险理赔业务的管理工作
	保险顾问或续保员	为车主具体办理保险业务（出单、续保）
	理赔员	对事故车辆进行定损并办理理赔手续及有关业务
客户服务部	客服经理、主管	负责客户服务部的管理工作
	客服专员	负责对购修车客户的联系回访、档案管理、接待沟通等工作
	客户回访员	负责对购修车客户进行电话回访
市场部	设市场部经理、大客户专员、市场运营专员（俱乐部专员），负责客户市场开发及客户活动组织工作	
特色岗位	有些企业为展现特色服务或强化营销工作，可能会设二手车评估员/业务员、精品附件销售员、数字（网络/电商）营销员、租赁业务员等岗位；销售量大的店，可能会设专职试乘试驾专员（产品专家）、商品车库管员、金融专员等，负责对应专项工作	

注：汽车经销店（4S店）的部门和岗位设置及职能安排，是根据企业内部管理需要、业务需要和人员结构确定的，并且会依据企业阶段性经营策略进行调整，因此上述内容仅供参考，要以你所在的企业的实际情况为准。

第 2 章
汽车销售顾问的职业"范"

导 读

怎样从形象气质、言谈举止上,让别人一眼就能看出你是汽车销售顾问?汽车销售顾问要有什么职业"范"才能征服客户?解决了这两个问题,你就找到了职业成功之门的钥匙。形象塑造、商务礼仪、人脉交往、汽车知识、横向知识、业务技能等是撑起职业"范"的骨架,将助力你在这个竞争激烈的行业里潇洒自如。如果你是刚入行的新手,就要耐得住寂寞和辛苦,牢记"不经历风雨怎么见彩虹";如果你是已经从业多年的老手,就要时常沉下心思考,争取百尺竿头更进一步。

2.1 打造职业形象

1. 形象是做好工作的前提

为什么品牌汽车经销店都会给销售顾问统一配发价格不菲的工装？为什么多数经销店都对销售顾问的着装配饰有严格要求？为什么一些高端品牌在招聘销售顾问时会对外貌体形严格把关？为什么大部分经销店每天班前晨会的第一件事就是检查仪容仪表？因为销售顾问的形象，代表的不是个人形象，而是一家经销店的形象。客户对一家经销店的管理水平、服务水平和诚信水平的直观判断，很大程度上都源于销售顾问所展现的形象。

正如前文所述，销售顾问是客户在汽车经销店接触的第一件"商品"，客户决定买谁家的车，很大程度上取决于这第一件"商品"是否让他/她满意。因此，付出一定代价为这件"商品"做好"形象工程"，达到吸引客户的目的，肯定是值得的。实践表明，每个购车人都是希望让那些衣着整洁、装扮得体、彬彬有礼且具备扎实专业知识的销售顾问为自己服务。和蔼笑容、优雅举止等要素构成的专业形象，能营造一种引人瞩目的职业魅力，更容易获得客户的信赖，获得客户对产品的认可，让销售工作事半功倍。

2. 怎样理解职业形象？

第一印象往往是最为深刻、持久的，因此也最为关键。对绝大多数客户而言，你留给他/她的第一印象，就决定了他/她是否会选择向你买车。如果第一印象是负面的，没有客户会给你修正和挽回的机会。

职业形象不仅仅是长相、发型、妆容、衣着等外在因素，而是包含了内在因素的一个人的综合素质的全面展现，你的一言一行，以及由一言一行展露出的专业素养、生活志趣、认知层次等，都影响着你的职业形象。此外，在一定意义上讲，一个人工作、生活的"圈子"，也能间接反映出他/她的真实形象。

3. 你珍惜自己的形象吗？

笔者常年讲授汽车职业技能培训课程，几乎每次下课时都会号召参训学员离场时把自己座位上的废纸、空饮料瓶等废弃物顺手带走，把培训室恢复原状，这时就总能听到"不用管，有人会收拾的"一类的应答。能自觉做到，或在经提醒后能积极响应的，凤毛麟角。这种情况甚至屡次发生在经销店店长、店总等管理人员身上，他们带领的员工会有怎样的表现，就可想而知了。这些人显然没有意识到应该如何珍惜自己的形象。

不少销售顾问辛苦了半天，结果集客寥寥、业绩惨淡，客户满意度更是惨不忍睹，这让他们百思不得其解。殊不知，这很可能就源于他们对自己的形象不够珍惜，形成了不良的职业习惯，总是不经意间流露出一副让人反感的神情、说出一句让人生厌的话语，导致客户"望而却步"。

怎样避免陷入这样的恶性循环呢？除了在工作时间要时时向客户呈现专业、稳重、严谨的职业形象外，在非工作时间也不能忽视形象的保持与呼应，一以贯之、无微不至的形象塑造，才能让良好的习惯渐渐融入你的血液中，让客户对你"一见倾心"，真心愿意与你交往、向你咨询，进而听取你的建议，甚至成为你的挚友。

4. 汽车销售顾问形象规范

现实中，我们该从哪些细节入手去打造自己的职业形象呢？见表2-1。

表2-1 汽车销售顾问形象规范

项目	主要内容		
	整体要求	男性	女性
头发	整齐、洁净、无头屑；不留怪形、不染怪色；肩、背无散落的头发	不留长发，前不过眉、侧不过耳、后不盖领；不剃光头	长发最好盘于脑后；忌戴夸张发饰
面部	面部整体清洁；无眼屎；鼻毛不外露；耳朵内外清洁；不在工作场所戴墨镜/有色镜	胡须应刮净或修整齐，忌留长胡须；不扎耳孔、戴耳饰；不染眉毛	鼓励画淡妆，忌浓妆艳抹；不戴夸张耳饰
口腔	保持口腔卫生、牙齿整齐洁白，口中无异味；有吸烟习惯的应及时清除色斑和烟味；与客户交谈时不要嚼口香糖；上班时间，忌吃大蒜、榴莲等有异味的食物		

第 2 章 汽车销售顾问的职业"范"

（续）

项目		主要内容		
		整体要求	男性	女性
手部		双手保持清洁；男性不留长指甲，女性指甲不宜染怪色；可戴婚戒或简易戒指；注意保持皮肤湿润、无死皮/癍疮		
身体		勤洗澡、勤换衣，保持身体无异味；不使用气味刺鼻的香水；不穿有汗味、污渍的衣物；任何可能裸露在外的身体部位都不要纹身		
着装	口袋	无论穿西装上衣还是衬衫，口袋里都不要插笔或其他杂物；上下装口袋里都不要放钱包、烟盒、打火机等易导致口袋鼓起的物品		
	领带	领带应端正、整洁、无褶皱，质地、款式、颜色应与所穿西装匹配，且符合年龄、身份和公司环境，领带下端与皮带扣大致平齐		
	皮带	皮带颜色、带扣造型不怪异；松紧适宜，略高于肚脐；皮带品质要与所售品牌档次匹配；单穿衬衫时要把衬衫扎于裤内		
	领袖口	袖口与领口保持整洁、无破损；衬衫袖口扣子要扣上；天热时不要撸/挽袖子（帮客户擦车时除外）；西装上衣领口处不要别饰物（所售品牌徽章除外）；女性戴项链要注意搭配得体		
	鞋	在品牌厂商没有特殊要求的情况下，应穿正装皮鞋；保持鞋面清洁、光亮、无污渍和尘土，特别注意保持鞋底和鞋侧的清洁，避免有缺损和刮痕；鞋跟不要过高、鞋底不要过厚，忌有怪异装饰		
	袜子	穿深色皮鞋应搭配深色袜子，避免鞋袜颜色反差过大；女性穿裙子时应穿丝袜，丝袜高度要高于裙子下摆，无论坐站都不能露出大腿，忌有跳丝、破洞		

上述细节看似都是生活中不起眼的小事，其实处处透着你的素养和品位。一个人在任何场合、任何时间、任何情况下都保持优雅风格是一件很难的事。作为汽车销售顾问，要想在职业道路上蒸蒸日上，就必须注重从内到外打造自己的职业形象，**从每一处细节开始，改变自己、完善自己。**

2.2 待人接物的礼仪

汽车经销店里，每位员工的一言一行，都是企业形象不可分割的一部分。一定意义上讲，员工的良好礼仪，就是汽车经销店的生产力！

1. 走进汽车销售展厅

当你走进汽车销售展厅时,什么场景会让你感受到尊重与舒适?

销售顾问站在展厅门旁,面带微笑,快步上前为你开门,主动向你打招呼"您好,欢迎光临!"。如果是雨雪天气,销售顾问主动帮你收拾雨具;如果你带着年幼的孩子,销售顾问亲切地夸赞他/她:"您家小朋友真可爱!"……

这些细致入微的言行,会不会拉近你们之间的距离?通过这些细节,你是不是认为这家经销店的服务值得信赖?

相反,如果你走进展厅时,销售顾问们或是只顾忙自己手里的活,或是在座位上歪躺斜坐着看手机,或是有说有笑,总之就是对你视而不见,你会有什么感受?

2. 接待客户的礼仪

握手、介绍和递名片等言语动作,看似简单易行,其实也有礼仪要求,必须注意学习掌握,否则很可能适得其反。

1)握手。握手前必须保证手部洁净、干燥,切忌有脏污和汗水;除极特殊情况外,通常必须用右手握手;握手的先后顺序一般是:上级→主人→长者→女士→平级/平辈男士;握手时要与客户保持适当距离,1米左右或保证客户手臂略微弯曲为宜;握手时间以3~5秒为宜,初次见面或不熟悉的客户要避免长时间紧握;握手力度,以能握住一个鸡蛋的力度为宜,切忌用力过猛;握手时要目视对方,面带笑容。

2)介绍。自我介绍,可在握手或递名片过程中进行,简单明了传递必要信息即可,通常是"岗位/职务+姓名",例如"您好,我是销售顾问××。"其他信息视情况增加。介绍双方认识时,先介绍年幼者再介绍年长者、先介绍职级低者再介绍职级高者、先介绍男士再介绍女士。

3)递名片。递名片一定要在正式洽谈之前;递名片前,确保名片要正面朝上,文字正对客户;递名片时,用拇指和食指夹住名片两角,从胸前递向客户;名片必须亲手递交给客户,切忌放到桌子上像推扑克一样推给客户;递名片时进行自我介绍容易加深客户对你的印象。

4)引路。客户询问某人或某办事地点,是展厅里经常发生的事。对于普通客户,以及容易找到的人或地点,一般情况下告知客户行走路线或标识即可,例如"您从展厅右边的楼梯上到二楼,然后左转找到206室就行了。"对于贵客,或不好找的人或地点,要亲自引导带路,条件允许的情况下,最好与客人并行,或走在客户斜前方,尽量避免挡在客户前面或跟在客户后面。

5)倒水。对于初次接待的客户,必须先询问对方想喝什么;在店里确实没有咖啡、茶等可选的情况下,要优先递上一杯白开水,水量七八分满为宜;水温以略等几分钟可口为宜,这样能客观延长与客户的沟通时间,增加促交机会,避免客户一饮而尽,起身便走。

6)送客。汽车的高价值属性,决定了客户首次来店成交率极低的现实,因此,能否处理好送客过程,对日后能否成功促交影响很大。送客时要保持与迎客时一样的热情态度,适时适机恳请客户再次来店,帮客户开门。如果客户驾车则送到停车处,如果客户未驾车则送到展厅门外。

3. 常用的礼貌用语

对于汽车销售顾问,无论商务场合还是社交场合,"话说在礼"都是至关重要的,一个词或一个字的差异,就可能让说出的话与你想要表达的意思南辕北辙,以下列举一些中文语境下的简单礼貌用语:

头次见面用久仰,很久不见说久违;认人不清用眼拙,向人表歉用失敬;
请人批评说指教,求人原谅用包含;请人帮忙说劳驾,请给方便说借光;
麻烦别人说打扰,不知适宜用冒昧;求人解答用请问,请人指点用赐教;
赞人见解用高见,自身意见用拙见;看望别人用拜访,宾客来访用光临;
陪伴朋友用奉陪,中途先走用失陪;等待客户用恭候,迎接表歉用失迎;
别人离开用再见,请人不送用留步;欢迎客户用光顾,答人问候用托福;
问人年龄用贵庚,老人年龄用高寿;读人文章用拜读,请人修文用斧正;
对方字画为墨宝,招待不周说怠慢;请人收礼用笑纳,辞谢馈赠用心领;
问人姓氏用贵姓,回答问姓用免贵;表演技能用献丑,别人赞扬用过奖;
向人祝贺道恭喜,答人道贺用同喜;请人担职用屈就,暂时充任说承乏。

2.3 把拓展人脉作为职业习惯

1. 汽车销售与人脉

辞典里讲，人脉是"经由人际关系而形成的人际脉络"。当下人们常说的"圈子""社群"，其实也是人脉的另一种表达。作为汽车销售顾问，想把工作做得潇洒自如，就必须让自己的人脉无限拓展。

为什么要拓展人脉？常言道"一个好汉三个帮，一个篱笆三个桩"，要想做成事、做大事，就必须有能成事的人脉网络和人脉支持系统。而汽车销售恰恰又是以人为本开展的产品营销工作。美国斯坦福研究中心的一项调查表明，一个人赚的钱，来自个人知识的只占12.5%，而来自周围关系的占到了87.5%。

既然汽车销售是基于人的营销，就要时刻保持拓展人脉的意识，利用一切可能的机会和资源，结交人、留住人。只靠在展厅里"守株待兔"式地迎来送往，显然是做不到这一点的。真正的销售高手，一定是主动通过不断拓展人脉来发现和开发潜客，为销售创造机会的。总是被动地接待客户、被动地解决问题、被动地等待机会，哪怕你的服务热情周到，你的工作一丝不苟，你也只能挣扎在被淘汰的边缘。

2. 不要忽视微小的努力与机会

人脉资源越丰富，销售的模式和渠道就越多；人脉资源"档次"越高，促交就越轻松自如。让人脉无限拓展的要诀是不放过任何一次机会。0.9的十次方是0.35，而1.1的十次方是2.59，连乘十次，让原本0.2的差距变成了2.24。也许就是你的一个殷切眼神、一句热情问候，也许就是你利用闲暇时间多打的一个电话，多参加的一次车展，就让你拥有了超越平庸的资本。

作为汽车销售顾问，你要认识到工作的最大收获不是卖了多少车、赚了多少钱，而是通过"销售汽车"这种方式和"汽车经销店"这个平台，认识了多少人、结交了多少朋友、积累了多少人脉。人脉不只会让你在销售工作中游刃有余，即使你离开了所在的经销店，甚至离开了汽车销售行业，它依然会成为你前行的最大助力，成为你受益一生的"资产"。

美国潜能激励大师安东尼·罗宾说："人生最大的财富便是人脉关系，因为它能为你开启所需能力的每一道门，让你不断地成长，不断地贡献社

第 2 章 汽车销售顾问的职业"范"

会。"最后,让我们来看一个案例。

勤奋的外卖小哥

有个普普通通的农村孩子,初中辍学,跑到城里给一家快餐店送外卖,每月工资不高,高峰期一天要送上百份,十分辛苦。

他看起来很瘦小,有顾客问他:"你是不是不想上学才出来打工?"他回答说,母亲有慢性病,父亲是个残疾人,他是家里唯一的顶梁柱,因此要挣钱养家。渐渐地,很多同事都因为忍受不了微薄的工资、辛苦的奔波而辞职,只有他一干就是六年。

这六年间,他从一个少年成长为青年,与送餐范围内的老顾客都成了熟人。很多人并不了解他,都以为他就是快餐店的老板,最起码也是"投资人",否则怎么可能卖力气干这么久?

第六年年末,小伙子离开了快餐店,靠前几年攒下的钱开了一家家政公司。家政行业门槛低,竞争也激烈,而他的公司刚一开张就生意火爆。原来,他在送外卖的六年里,摸透了外卖顾客的家政服务需求,而且老顾客都非常信任他,愿意找他帮忙。

小伙子的生意越来越好,城里的人们都觉得这是个商业奇迹。而他自己却淡然地说:"很少有人能送六年外卖,在这个城市里还有人能做到吗?"

我们从上面的故事能看到,外卖小哥的成功之道其实非常简单,他用了一个最笨但也最有效的方法,建立了自己的人脉网络,成就了自己的事业。作为汽车销售顾问的你,拥有比他更高的起点,也拥有比他更多的机会,只要肯坚持、愿努力,有什么理由不能成功呢?

2.4 汽车销售必备汽车技术知识

1. 汽车的四大组成部分:内燃机/动力电池、底盘、车身、电气

内燃机是燃油汽车的动力源,决定了燃油汽车的动力性、经济性和环保性;动力电池是纯电动汽车的动力源,动力电池用于储存电能,并向驱动电机供电,进而驱动汽车行驶。底盘是支承、安置汽车发动机及其他总成部件

的基础，也是汽车造型的基础（注意，对于采用承载式车身的汽车，底盘与车身是一个整体构件；对于采用非承载式车身的汽车，底盘与车身是分离的，底盘通常是 H 形梁结构）。车身是容纳、保护驾驶人、乘员的空间，构成了汽车的造型，对空气动力学性能（风阻系数）和碰撞安全性能有较高要求。电气指电气系统，包含发动机电控系统、照明信号系统、仪表及警告系统、空调系统、舒适控制系统、安全控制系统等。

2. 汽车制造中的四大工艺：冲压、焊接、涂装、总装

冲压工艺基于金属塑性变形原理，利用模具和冲压设备，使金属板料产生塑性变形或分离，获得具有一定形状、尺寸和性能的零件，例如制造车身覆盖件、车内支撑件、结构加强件、框架结构件、横纵梁等。焊接工艺通过加热、高温或高压方式将不同金属零件或具有热塑性的非金属零件结合到一起，对汽车制造而言，将各种冲压成型后的结构件焊接到一起就构成了汽车的白车身。涂装工艺通过涂装前表面处理、涂布涂料和干燥三个基本工序，对零部件起到保护和装饰作用，汽车的白车身经过多道涂装工序，就具有了外观颜色，同时具有一定的防锈、防腐蚀性能。总装工艺是将经检验合格的总成件，如动力传动总成、悬架系统、电气系统、内饰部件等，按照一定的技术标准和工序，装配到底盘/车身上，总装工艺完成后，汽车还要接受一系列检测检验才能正式下线，准备发运到经销店并交付给客户。

3. 汽车动力源的四种类型：汽油机、柴油机、动力电池、混合动力系统

汽油机和柴油机都属于内燃机，工作原理相似，都是将燃料燃烧的化学能转化为往复式活塞的机械能，从而对外输出转矩（动力）。两者的主要不同是，汽油机采用点燃方式使汽油燃烧，装有节气门，通过节气门控制气缸里的进气量，而柴油机采用压燃方式使柴油燃烧，没有节气门。此外，汽油机的性能特点是输出功率更高（相比柴油机），主要有害排放物是一氧化碳（CO）、氮氧化物（NO_x）和碳氢（HC），而柴油机的性能特点是输出转矩更大（相比汽油机）、燃油经济性更好（相比汽油机），主要有害排放物是氮氧化物（NO_x）和可吸入颗粒物（PM，指碳烟）。动力电池就是我们常说的蓄电池的一种，可以将化学能转化为电能并对外输出，常见的锂离子动力电池，是通过锂离子在电池正负极间的移动来实现对外放电的。现阶段动力

电池相比内燃机的主要劣势是能量密度较低。现阶段的混合动力系统通常指"汽油机/柴油机+动力电池+电机"组成的动力系统，相对汽/柴油机的主要优势是燃油经济性更好。

4. 汽车发动机的四个指标：排量、压缩比、功率、转矩

发动机活塞从上止点运动到下止点，其顶部扫过的容积是气缸工作容积，所有气缸的工作容积之和是发动机的排量，通常用升（L）计量，目前常见的发动机排量有1.2升、1.4升、1.5升、1.6升、1.8升、2.0升和3.0升等。压缩比是气缸的工作容积与燃烧室容积之比，汽油机的压缩比一般低于柴油机。对汽油机而言，通常压缩比越高，所需的汽油牌号越高。功率代表发动机的做功能力（单位时间内能做多少功），一般用千瓦（kW）或公制马力（Ps）计量，两者的换算关系是1千瓦=1.36公制马力，发动机功率越高，汽车的动力储备越足，极速越高。使机械元件转动的力矩称为转矩，发动机转矩实际上指的是飞轮在曲轴驱动下转动形成的力矩，一般用牛·米（N·m）计量，发动机转矩越大，汽车的加速和爬坡能力越好。

5. 汽车发动机的四项节能技术：涡轮增压、可变气门正时/升程、闭缸、可变压缩比

涡轮增压指利用压气机（即涡轮增压器）预先对进入气缸的空气进行压缩，通过提高进气量和进气密度来改善燃烧条件，进而提高燃烧效率，降低燃油消耗率。可变气门正时/升程指根据发动机工况来调节进/排气门的开闭时刻/升程，进而提高燃烧效率，降低燃油消耗率。闭缸指根据发动机工况来关闭部分气缸，对四缸发动机而言通常是关闭两个气缸，进而降低燃油消耗率。可变压缩比指根据发动机工况来改变压缩比，进而降低燃油消耗率。

6. 汽车的四大组成系统：传动系统、转向系统、制动系统、行驶系统

传动系统的作用是将发动机输出的动力传递给车轮，通常由离合器（采用手动变速器/双离合变速器的车型有）、液力变矩器（采用自动变速器的车型有）、变速器、传动轴、万向节、差速器、半轴等部件组成。转向系统的作用是改变汽车的行驶方向，通常由方向盘、转向轴、万向节、转向器、

助力装置（液压助力/电动助力/电控液压助力）、转向直/横拉杆、转向节等组成。制动系统的作用是使汽车减速/停止/驻停，乘用车常用的液压式制动系统，一般由制动主缸、制动液压管路、制动轮缸、行车制动器（盘式制动器或鼓式制动器）、驻车制动器等组成。行驶系统主要由车桥、悬架和车轮等组成，其主要作用有三方面，一是支承车身，二是接受传动系统传递的动力，三是缓和路面对车身的冲击。

7. 汽车车桥的四种形式：支承桥、驱动桥、转向桥、转向驱动桥

传统意义上，车桥是将悬架与车架（或车身）连接在一起，两端安装车轮的部件。尽管当今的汽车大多没有真正意义上的车桥，而是将悬架与车架（车身）直接相连，但我们仍然将连接两侧车轮的一系列部件统称为车桥。如图2-1所示，只具有支承作用，不具有驱动和转向作用的车桥，称为支承桥；具有支承和驱动作用，不具有转向作用的车桥，称为驱动桥；具有支承和转向作用，不具有驱动作用的车桥，称为转向桥；同时具有支承、驱动和转向作用的车桥，称为转向驱动桥。对于前驱车，一般后桥是支承桥，前桥是转向驱动桥；对于后驱车，一般后桥是驱动桥，前桥是转向桥；对于四驱车，一般前桥是转向驱动桥，后桥是驱动桥。

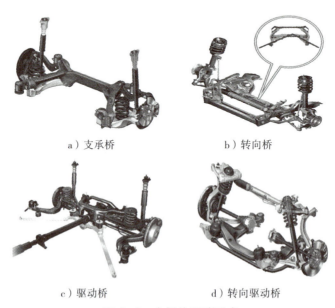

a）支承桥　　　　b）转向桥

c）驱动桥　　　　d）转向驱动桥

图2-1　车桥的四种形式

8. 汽车车身的两种形式：承载式、非承载式

对绝大多数汽车而言，有刚性车架的是非承载式车身，没有刚性车架的是承载式车身。目前，多数轿车、跑车、SUV 都采用承载式车身，整个车身形成一个笼形结构，几乎承受着汽车的所有重量和作用力；多数大型客车 / 货车、少数 SUV、越野车采用非承载式车身，车身像"罩子"一样"罩"在车架上，几乎不承受汽车的任何重量和作用力。所谓白车身，是指除去所有附件和装饰件的车身总成，通常由焊接总成（包含前舱总成、地板总成、左右侧围总成、顶盖总成和后围总成）、发动机舱盖、车门、行李舱盖、翼子板等组成。

9. 汽车变速器的四种常见类型：手动变速器（MT）、自动变速器（AT）、双离合变速器（DSG/DCT）、无级变速器（CVT）

变速器利用行星齿轮机构，协调发动机转速 / 转矩与汽车行驶速度，根据汽车行驶需求改变传动比（例如起步 / 加速 / 上坡时，需要大转矩，变速器挂低档，增大传动比），使汽车前进或后退。手动变速器（MT）与离合器配合工作，汽车行驶时，驾驶人需要控制离合器接合或断开，并手动变换前进档位。自动变速器（AT）与液力变矩器配合工作，能根据汽车行驶需求自动变换前进档位。双离合变速器（DSG/DCT）通过两套离合机构的接合和断开，来自动变换前进档位。无级变速器（CVT）通过一对直径可变的主、从动轮及传动带，来自动无级（档位）改变传动比。

10. 汽车的驱动形式与差速器、差速锁

所谓驱动轮，就是能接收发动机传递来的动力的车轮。针对常见的四轮汽车，只有两侧前轮是驱动轮的，称为前驱；只有两侧后轮是驱动轮的，称为后驱；四个车轮都是驱动轮的，称为四驱。目前，大多数中低端轿车都采用前驱形式，而高端轿车多采用后驱形式，四驱形式常见于 SUV 和越野车。

轮间差速器的作用是协调汽车两侧车轮的转速，缓解汽车转向时两侧车轮的机械干涉（两侧车轮转弯时驶过的轨迹不同，如果转速相同就会产生严重的机械干涉，导致轮胎过度磨损等问题）。有些 SUV 和越野车还会装备轴间（中央）差速器，其作用是协调汽车前后车轮的转速。差速锁的作用顾名思义，就是将差速器锁止，让汽车两侧车轮和 / 或前后车轮同速转动（刚

性连接），主要在某一个车轮空转打滑需要脱困时使用。

11. 汽车的制动器

汽车常用的制动器是鼓式制动器和盘式制动器，后者在民用车领域应用更多。盘式制动器主要由制动盘、制动摩擦片、制动钳、制动轮缸等组成。制动盘与车轮刚性连接（可视为整体），驾驶人踩下制动踏板后，来自制动主缸的制动液流入制动轮缸，推动制动钳和制动摩擦片压紧制动盘，进而阻止车轮转动。

12. 汽车的悬架类型：独立悬架、非独立悬架

汽车悬架通常由弹性元件（一般是螺旋弹簧或钢板弹簧）、导向机构（一般是整体桥、扭力梁或导向臂）、减振器和横向稳定杆组成，大体上可分为独立悬架和非独立悬架两种类型（所谓半独立悬架实际上属于非独立悬架范畴）。独立悬架与非独立悬架的主要判断标准是导向机构形式，导向机构如果将两侧车轮刚性连接在一起则为非独立形式，反之则为独立形式。目前，常见的非独立悬架形式是扭力梁式，常见的独立悬架形式是麦弗逊式、双横臂式（双叉臂式）和多连杆式。

13. 汽车轮胎的常识

目前，乘用车常用的是无内胎的充气式子午线轮胎，其典型特征是胎体上有周向排布（类似子午线）的帘线（钢丝或人造织物），用于提高轮胎的刚度和强度。有些车型采用的所谓缺气保用轮胎，一般是在子午线轮胎的基础上强化了侧壁，且胎体内附加了横向加强结构。

轮胎的胎肩上通常标有很多字码，表征了规格型号、生产时间、温度指数、速度指数、载荷指数、生产厂家等信息。例如"225/55 R18 102V"，225 是轮胎断面宽度，单位是毫米（mm）；55 是扁平比，即轮胎胎壁高度与轮胎断面宽度之比；R 表示子午线轮胎；18 是轮辋直径，单位是英寸（in）；102 是载重指数（数值越大表示载重能力越强）；V 是速度等级（对应的最高行驶速度是 240 公里/时，英文字母越靠后表示速度等级越高）。再如"DOT 7V 0A 02XX 1017"，DOT 表示美国交通部认证；7V 是轮胎生产厂代码；0A 02XX 是轮胎生产厂自编码（表示轮胎规格型号）；1017 是轮胎生产时间（10 表示第 10 周，17 表示 2017 年，由于一年可计数的周不

超过52个，周数通常不会大于52）。

备用轮胎可分为"全尺寸"和"非全尺寸"两类，前者规格与出厂原装轮胎一致，后者规格与出厂原装轮胎不一致（通常在速度等级、载重指数等指标上不及出厂原装轮胎，只能保持较低车速应急使用较短里程）。

14. 汽车空调系统

汽车空调系统组成、分类及特点见图2-2。

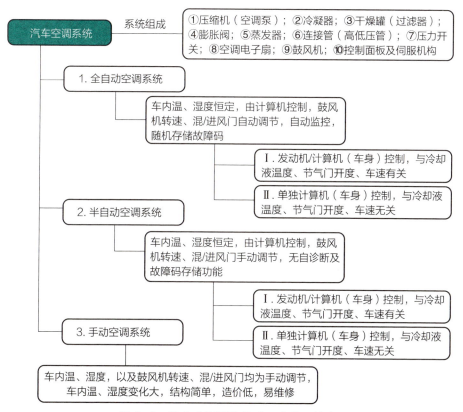

图2-2 汽车空调系统组成、分类及特点

15. 汽车上常见的功能性配置

1）舒适性/便利性配置：无钥匙进入/起动系统、座椅加热/通风/按摩装置、方向盘加热装置、外后视镜电动调节/折叠装置、行李舱盖/门电动开闭装置等。

2）驾驶辅助/安全性配置：倒车雷达系统、倒车影像系统、陡坡缓降系统、坡道辅助系统、自适应巡航（ACC）系统、并线辅助系统、车道偏离预警系统、车道保持系统等。

16. 纯电动汽车常识

纯电动汽车的核心技术是"三电"，即动力电池、驱动电机和电控系统。动力电池的基本单元是电池单体（或称电芯），多个电池单体串并联后，再加上起汇集电流、收集数据、固定保护作用的辅助结构件，就组成了电池模组，多个电池模组串并联后，再加上电池管理系统（BMS）、热管理系统、电气系统等，就组成了电池包。CTP技术指取消电池模组，直接将电池单体（电芯）集成为电池包，CTC技术指取消电池模组和电池包，直接将电池单体（电芯）集成到汽车的底盘（车身地板）中。动力电池的主要指标包括容量[计量单位是安·时（A·h）]、能量[计量单位是瓦·时（W·h）或千瓦·时（kW·h），"千瓦·时"就是我们日常生活中所说的用了多少度电的"度"]、比能量[指动力电池能量与动力电池重量之比，计量单位是瓦·时/千克（W·h/kg）]和功率[计量单位是瓦（W）或千瓦（kW）]等。磷酸铁锂电池和三元锂电池是目前常用的两种锂离子动力电池，前者的正极材料是磷酸铁锂，优势是循环寿命长、热稳定性好，后者的正极材料是镍钴锰或镍钴铝，优势是能量密度高、低温性能好。

2.5 汽车销售必备汽车分类与品牌知识

如今，随着新能源汽车的高速发展，市场上涌现出大批新品牌，其中既有"新车企新品牌"，也有"传统车企新品牌"，每个品牌旗下会有多个车型，每个车型之下又会有多个年款。对汽车销售顾问而言，仅仅掌握"自家产品"的情况是远远不够的，日常接待客户时，你会不断面对"你家车和××品牌的车比起来怎么样？""我看××车比你家这款车好！"这类的问题，如果你对竞品情况不够了解，无言以对或信口开河，就很可能让生意不欢而散。

1. 车辆识别代码

车辆识别代码的英文是 Vehicle Identification Number，缩写为 VIN，是由汽车制造商为一辆汽车指定的一组由 17 位数字或字母组成的代码。VIN 能保证 30 年内在全球范围内对每一辆正式量产汽车的准确识别。

VIN 就是汽车的身份证号，包含了汽车制造厂、年款、车型、车身类型和发动机类型等信息。正确识读 VIN 码，对于正确识别车型是十分重要的。例如"LSGGF53W8CH066556"，LSG 是世界制造厂识别代码（WMI）部分，其中，L 代表地理区域，S 代表车辆制造商，G 代表车辆类型；GF53W8 是车辆说明（VDS）部分，其中，GF53W 代表车辆特征，8 是检验代码；CH066556 是车辆指示（VIS）部分，其中，C 代表制造年份，H 代表装配工厂，066556 是生产序列号。

2. 汽车的分级

目前，国际上没有统一的汽车分级标准，我国习惯使用德国大众公司的分级标准，以发动机排量、总长、轴距、整备质量等参数作基准，分为 A00 级、A0 级、A 级、B 级、C 级、D 级等，见表 2-2。典型的 A00 级（微型）车包括五菱宏光 MINI EV、长安糯米、欧拉白猫；典型的 A0 级（小型）车包括比亚迪海豚、本田飞度、MINI Cooper；典型的 A 级（紧凑型）车包括大众速腾、广汽传祺影豹、丰田卡罗拉；典型的 B 级（中型）车包括奥迪 A4L、红旗 H5、蔚来 ET5；典型的 C 级（中大型）车包括沃尔沃 S90、凯迪拉克 CT6、捷豹 XFL；典型的 D 级（大型）车包括奔驰 S 级、雷克萨斯 LS、宝马 7 系。

实际上，随着技术革新和制造成本下降，加之市场竞争趋于白热化，汽车分级概念已经愈加模糊。首先，在电动汽车大规模入市后，以整备质量为参考基准产生了较大问题，因为电动汽车普遍要比同级的燃油汽车重一些；其次，厂商为提高产品力，把低一级车的轴距加长到与高一级车相近，或为低一级车配备高一级车的大排量发动机的现象已经比比皆是，尤其是 A 级车与 B 级车，早已很难准确划分。总之，实际工作中万万不能僵化地用这套分级标准来识别所有车型。

表 2-2　德国大众公司汽车分级标准

级别	微型 A00	小型 A0	紧凑型 A	中型 B	中大型 C	大型 D
排量/升	<1.0	1.0~1.3	1.3~1.6	1.6~2.0	2.0~2.5	2.5~3.0
总长/米	3.3~3.7	3.7~4.0	4.0~4.2	4.2~4.45	4.45~4.8	4.8~5.2
轴距/米	2.0~2.2	2.2~2.3	2.3~2.45	2.45~2.6	2.6~2.8	2.8~3.0
整备质量/千克	<680	680~800	800~970	970~1150	1150~1380	1380~1620

3. 汽车品牌的地域划分

除自主品牌外，传统上，国内习惯把汽车品牌按起源地划分为美系品牌、德系品牌、日系品牌、韩系品牌、法系品牌等。典型的美系品牌包括别克（Buik）、雪佛兰（Chevrolet）、凯迪拉克（Cadillac）、福特（Ford）、林肯（Lincoln）、野马（Mustang）、Jeep 等；典型的德系品牌包括大众（Volkswagen）、梅赛德斯-奔驰（Mercedes-Benz）、宝马（BMW）、保时捷（Porsche）等；典型的日系品牌包括丰田（Toyota）、本田（Honda）、日产（Nissan）、斯巴鲁（Subaru）、马自达（Mazda）、雷克萨斯（Lexus）、讴歌（Acura）、英菲尼迪（Infinity）等。典型的韩系品牌包括现代（Hyundai）、起亚（Kia）、捷尼赛思（Genesis）等。典型的法系品牌包括雪铁龙（Citroën）、DS（国内曾译为谛艾仕）、标致（Peugeot）、雷诺（Renault）等。还有一些地域性品牌，习惯上不会用"系"的方式来称呼，例如意大利的菲亚特（FIAT）、法拉利（Ferrari）、玛莎拉蒂（Maserati）等，再如英国的劳斯莱斯（Rolls-Royce）、MINI、宾利（Bentley）、路虎（Land Rover）、捷豹（Jaguar），以及瑞典的沃尔沃（Volvo）等。

需要注意的是，上述品牌分类方式，只是以品牌起源地为基准，不考虑其所属公司的国家/地域属性，有些品牌早已被异国/域公司收购，实际上地域属性已经相对弱化，例如现归属于德国大众集团的斯柯达品牌（Škoda，原属捷克）和西亚特品牌（Seat，原属西班牙）。

4. 大型汽车制造商

（1）国外制造商

1）德国大众公司：目前全球产销量最大的汽车制造商，旗下有宾利、保时捷、布加迪、奥迪、大众、斯柯达、西亚特等品牌，大部分品牌和车型在我国都有销售，在我国与一汽集团、上汽集团、江淮汽车分别合资组建有"一汽-大众""上汽大众""大众安徽"三家企业，生产奥迪、大众、斯柯达、思皓、捷达等品牌车型，典型畅销车型有奥迪 A4L、大众迈腾/帕萨特、斯柯达速派等。

2）德国戴姆勒公司：目前全球最大的商用车制造商，旗下有梅赛德斯-奔驰等品牌，在我国与北汽集团、福汽集团等合资组建有"北京奔驰""福建奔驰"等企业，典型畅销车型有奔驰 C 级、奔驰 E 级、奔驰 S 级等。

3）德国宝马公司：旗下有劳斯莱斯、宝马、MINI 等品牌，在我国与华晨汽车集团、长城汽车公司分别合资组建有"华晨宝马""光束汽车"两家企业，典型畅销车型有宝马 3 系、宝马 5 系、宝马 7 系等。

4）美国通用汽车公司：旗下有雪佛兰、别克、凯迪拉克等品牌，在我国与上汽集团合资组建有"上汽通用"等企业，典型畅销车型有雪佛兰迈锐宝、别克君越、凯迪拉克 XT5 等。

5）美国福特公司：旗下有福特、林肯、野马等品牌，在我国与长安汽车集团、江铃汽车公司分别合资组建有"长安福特""江铃福特"两家企业，典型畅销车型有福特探险者、林肯冒险家等。

6）美国特斯拉公司：电动汽车、能源、太空科技制造商和应用商，在我国的销售服务模式与传统汽车制造商不同，采用了线上+直营的模式，自建体验中心（多位于大型商圈和传统汽车销售商圈）负责销售（消费者可线上下单、体验中心提车）和维修，钣喷业务通常委托给第三方，典型畅销车型有 Model 3、Model Y 等。

7）日本丰田公司：目前全球盈利能力最强的汽车制造商，旗下有丰田、雷克萨斯等品牌，在我国与一汽集团、广汽集团分别合资组建有"一汽丰田""广汽丰田"两家企业，典型畅销车型有丰田凯美瑞、雷克萨斯 ES 等。

8）日本本田公司：日本国内排名前三的汽车制造商，旗下有本田、讴歌（现已退出我国市场）等品牌，在我国与广汽集团、东风汽车集团分别合资组建有"广汽本田""东风本田"两家企业，是首家将"4S"经销模式引入我国的跨国车企（1999 年），典型畅销车型有本田雅阁、讴歌 MDX 等。

9）雷诺-日产联盟：由法国雷诺汽车公司与日本日产汽车公司联合组建，旗下有雷诺（目前已退出我国市场）、日产、英菲尼迪等品牌，在我国与东风汽车集团合资组建有"东风汽车"（旗下有东风日产品牌）"郑州日产"等企业,典型畅销车型有日产天籁、雷诺科雷傲、英菲尼迪 Q50L 等。

10)Stellantis 公司:由原标致雪铁龙公司与原菲亚特-克莱斯勒公司合并组成,旗下有雪铁龙、标致、DS、菲亚特(现已退出我国市场)、克莱斯勒(现已退出我国市场)等品牌。Stellantis 在我国与东风汽车集团合资组建有"神龙汽车"(旗下有东风标致、东风雪铁龙品牌)等企业,典型畅销车型有雪铁龙凡尔赛 C5X、标致 508 等。

11)韩国现代起亚公司:韩国最大的汽车制造商,旗下有现代、起亚、捷尼赛思等品牌,在我国与北汽集团、东风汽车集团分别合资组建有"北京现代""东风悦达起亚"两家合资企业,典型畅销车型有现代途胜 L、起亚狮铂拓界、捷尼赛思 GV80 等。

(2)国内制造商

1)中国第一汽车集团有限公司(简称一汽集团),中央直管国有特大型汽车企业,总部位于吉林省长春市,前身是第一汽车制造厂。与德国大众公司合资组建有一汽-大众汽车有限公司(生产大众、捷达品牌车型),与日本丰田公司合资组建有一汽-丰田汽车有限公司(生产丰田品牌车型)。集团旗下现有红旗、解放、奔腾等自主品牌,典型畅销车型有红旗 H5、奔腾 B70 等。

2)东风汽车集团有限公司(简称东风汽车集团),中央直管国有特大型汽车企业,总部位于湖北省武汉市,前身是第二汽车制造厂。与法国标致-雪铁龙公司(现 Stellantis 公司)合资组建有神龙汽车有限公司(生产雪铁龙和标致品牌车型),与日本日产公司合资组建有东风汽车有限公司(生产日产、英菲尼迪、启辰等品牌车型)。集团旗下现有东风风神、东风风行、岚图等自主品牌,典型畅销车型有东风风神奕炫、东风风行 T5 EVO、岚图 FREE 等。

3)上海汽车集团股份有限公司(简称上汽集团),国有控股上市企业,总部位于上海市。与德国大众公司合资组建有上汽大众汽车有限公司,与美国通用公司合资组建有上汽通用汽车有限公司(生产雪佛兰、别克、凯迪拉克品牌车型)和上汽通用五菱汽车股份有限公司(生产五菱、宝骏品牌车型)。集团旗下现有荣威、飞凡、智己、大通等自主品牌,典型畅销车型有荣威 RX5、飞凡 F7、智己 L7、大通 T90 等。

4)中国长安汽车集团股份有限公司,隶属于中国兵器装备集团有限公司的特大型汽车企业,总部位于北京市。重庆长安汽车股份有限公司(简称长安汽车)是其控股子公司,也是其旗下规模最大的汽车企业,总部位于重庆市。长安汽车与美国福特公司合资组建有长安福特汽车有限公司(生产福特、林肯品牌车型),与日本马自达公司合资组建有长安马自达汽车有限公司(生产马自达品牌车型)。长安汽车旗下现有长安、欧尚、深蓝、阿维塔等自主品牌,典型畅销车型有长安 UNI-K、欧尚 X5、深蓝 SL03、阿维塔 11 等。

5)北京汽车集团有限公司(简称北汽集团),国有大型汽车企业,总部位于北京市。与德国戴姆勒公司合资组建有北京奔驰汽车有限公司(生产梅赛德斯-奔驰品牌车型),与韩国现代起亚公司合资组建有北京现代汽车有限公司(生产现代品牌车型)。集团旗下现有北京、福田、极狐等自主品牌,典型畅销车型有北京 EU7、极狐阿尔法 T 等。

6)广州汽车集团股份有限公司(简称广汽集团),国有控股上市企业,总部位于广东省广州市。与日本丰田公司合资组建有广汽丰田汽车有限公司(生产丰田品牌车型),与日本本田公司合资组建有广汽本田汽车有限公司(生产本田品牌车型),与日本三菱汽车公司合资组建有广汽三菱汽车有限公司(生产三菱品牌车型)。集团旗下现有传祺、埃安等自主品牌,典型畅销车型有传祺影豹、埃安 Y 等。

7)奇瑞控股集团有限公司(简称奇瑞控股),国有控股企业,总部位于安徽省芜湖市。奇瑞汽车股份有限公司(简称奇瑞汽车)是奇瑞控股的持股企业,与英国捷豹路虎公司合资组建有奇瑞捷豹路虎汽车有限公司(生产捷豹、路虎品牌车型)。奇瑞汽车旗下有奇瑞、星途、捷途、iCAR 等自主品牌,典型畅销车型有奇瑞瑞虎 8、星途瑶光、捷途 X70 等。

8)浙江吉利控股集团有限公司(简称吉利控股),民营企业,总部位于浙江省杭州市。集团旗下有吉利、领克、沃尔沃、极星、极氪、路特斯、Smart、雷达等汽车品牌,典型畅销车型有吉利博越、领克 01、沃尔沃 XC60、极星 3、极氪 001、路特斯 Eletre、Smart#1、雷达 RD6 等。

9)长城汽车股份有限公司(简称长城汽车),民营企业,总部位于河北省保定市。与德国宝马公司合资组建有光束汽车有限公司(生产 MINI 品牌车型)。公司旗下有长城、哈佛、魏牌、欧拉、坦克等汽车品牌,典型畅销车型有长城炮、哈佛 H6、魏牌摩卡、欧拉好猫、坦克 300 等。

10)比亚迪股份有限公司,民营企业,总部位于广东省深圳市。公司业务涵盖电子、汽车、新能源和轨道交通等领域。与德国戴姆勒公司合资组建有腾势汽车有限公司（生产腾势品牌车型）。公司旗下有比亚迪、仰望、方程豹等汽车品牌，典型畅销车型有比亚迪汉、比亚迪海豹等。

2.6 汽车销售必备业务知识

1. 汽车销售业务知识

1）标准流程。标准流程就是销售的程序，每个步骤都有相应的规范和技巧，按流程做事、深谙技巧，是提高销售成功率的关键。尽管针对某些客户需求，某些情况下"灵活"调整流程可能更高效、更见效，但辨明本质、化繁为简，让大多数流程都能按标准推进，才是实现成功销售的最佳方法，见图2-3和表2-3。

图2-3 汽车销售标准流程

表2-3 汽车销售标准流程的八个步骤及工作重点

序号	流程环节	工作关注点	序号	流程环节	工作关注点
1	潜客开发	识别潜客，进行有效管理	5	试乘试驾	引导客户体验，自己说服自己
2	展厅接待	建立关系，客户留资，注重跟踪	6	订单洽谈	处理异议，掌握磋商技巧
3	需求分析	用5W1H法梳理归纳客户需求	7	新车交付	交前准备，交中点交，操作介绍
4	产品介绍	展厅展车管理，六方位产品介绍	8	客户维护	依规回访，开发老客户转介绍资源

2）销售合同。汽车销售合同是买卖双方对交易标的物及其附加条件，经过谈判达成一致所签订的具有法律约束力的商业文件之一。销售合同一般包含以下内容：

①买卖双方全称，签约的时间和地点。

②汽车品牌、车型、颜色、零售价。
③车辆交付时间、地点、方式和验收方法。
④车款给付方式、期限和定金金额。
⑤免除责任及限制责任条款。
⑥违约责任及赔偿条款。
⑦购买车辆时的其他约定事宜,例如贷款、装饰、车险、置换、上牌等。
⑧发生争议的解决办法。
⑨合同双方签字、盖章。

绝大多数情况下,汽车销售合同会采用经本企业法律顾问审核的、符合所售车型生产厂家及本企业管理标准的制式文本,如果使用客户提供的文本或双方临时起草的文本,则必须经本企业法律顾问和主管领导审核同意后,才能签署执行。销售顾问在与客户谈判时,可根据实际情况对制式文本的某些条款作出符合双方意愿的调整,但同样必须经本企业法律顾问和主管领导审核同意后,才能签署执行。绝大多数汽车经销企业都对合同的分类、领用、拟订、填写、签订、保存、变更、解除等进行了明确规范,销售顾问必须全面掌握并严格遵守。

3)购车发票。购车发票是证明车辆来源的重要凭证,国家税务总局对机动车发票有专项规定:
①发票的开具应使用计算机及专用税控软件,即使用机打票。
②开票软件由税务部门免费提供给汽车经销店使用。
③发票代码、发票号码、税额、不含税价,均由软件自动生成。税率根据纳税人情况按税务部门核定填写。
④退货票在金额前加"-"(负号),格式由财务人员控制,须符合规范。
⑤开票需要的信息包括车主身份证/组织机构代码、车辆 VIN 及财务需要的有关信息。
⑥发票为六联式。第一联发票联(购车人/企业付款凭证,即客户联,客户留存)印色为棕色,第二联抵扣联(购车企业扣税凭证,通常不提供给个人车主)印色为绿色,第三联报税联(车辆购置税征收单位留存,客户缴纳完购置税后由税务部门留存)印色为紫色,第四联注册登记联(车辆登记单位留存,客户办理完登记上牌手续后由车管所留存)印色为蓝色,第五联记账联(售车企业记账凭证)印色为红色,第六联存根联(售车企业留存)印色为黑色。发票代码、发票号码印色为黑色。发票规格为 241 毫米 ×177 毫米。

⑦当购货单位不是增值税一般纳税人时，第二联抵扣联由销货单位留存。

⑧在进行车辆转移登记时，车主方须提供车辆来源凭证，即购车发票客户联，而在上牌前发票须经工商部门备案鉴证。

2. 汽车销售衍生业务知识

1）代客上牌。代客上牌，在汽车经销店俗称"一条龙"服务，主要包含缴纳车辆购置税、办理车辆登记上牌手续等。

缴纳车辆购置税：携带车主身份证/组织机构代码证（原件及复印件）、购车发票报税联（原件）、车辆合格证（原件及复印件）、车辆基本信息表（原件），此外，进口车须提供关单、检验单及专用进口车辆电子信息表，限牌地区9座以下小客车须提供车主购车指标。税务部门对纳入国家机动车目录的车型均有最低报税限额，因此，购车发票上的金额如果低于限额则无效，如果高于限额则按实际金额计算。缴费时须使用银联卡（支持通过支付宝或微信支付），税务部门不收现金。须在60日内办结，否则须按应缴税额的万分之五缴滞纳金。

办理车辆登记上牌手续：携带购车发票（注册登记联）、车辆合格证、车主身份证（如果是代办则还需要代办人身份证，如果购车人不是本地人则需要购车人暂住证或居住证）、交强险和商业险保单、购置税完税证明（正副税本）。将新车开至车管所上牌验车场后，按如下流程操作：整理递交文件→领取通知书→新车拍照→拓印VIN→将新车照片和拓印标签粘贴在通知书对应处→检验新车（一般不需要上线检验）→收取填写完毕的通知书→持通知书到业务窗口办理档案登记→缴费领取登记证（绿本）、行驶证（蓝本）和车牌。

2）二手车置换。二手车置换是汽车经销店的常见业务之一，尤其是在限牌城市，置换业务比例对经销店的新车销量有很大影响。简言之，二手车置换就是由汽车经销店收购客户的二手车，并用相应的收购款抵扣新车购置款，部分汽车制造商会针对旗下品牌车型和其他品牌车型提供不同的置换补贴政策。汽车经销店在收购二手车时要进行车况/质量鉴定和价值评估，这些都是技术性较强的工作，需要经过专业培训的、有资质的人员担当。汽车销售顾问有必要了解二手车常识，以引导客户置换二手车，并协助本企业二手车鉴定评估人员开展置换业务，进而促进新车销售和本企业二手车采购业务。

3）按揭分期。按揭分期指有资质的贷款人向符合条件申请购买汽车的借款人发放贷款的金融业务。贷款的归还通常具有一定期限，例如12个月、24个月或36个月等。发放购车贷款的可以是与经销店建立合作关系的银行或金融公司，申请购车贷款的可以是个人或企业。具体操作流程如下：

①符合购车资质的汽车购买申请人提交申请材料，放贷方审核材料。

②材料审核通过后，在放贷方或其指定处开立个人账户，贷款发放及本息归还均在该账户进行。

③在贷款本息未还清前，车辆上牌后的登记证及其他有关手续均抵押在放贷方处，不得办理车辆转移登记手续，同时按约定在购买处投保规定的车辆保险。

按揭分期业务既可为汽车经销店带来持续收益，也可降低购车客户的一次性资金负担，是一种双赢的选择。汽车销售顾问有必要掌握按揭分期常识，与金融专员合作为客户提供优质服务。

4）汽车保险。我国的汽车保险分为强制险和商业险两类。强制险，即机动车交通事故责任强制保险，也称交强险，是由保险公司对被保险车辆发生道路交通事故造成受害人（不包括本车人员和被保险人）的人身伤亡、财产损失，在责任限额内予以赔偿的强制性责任保险。交强险手续，在车辆上牌、年检时必须提供，远途外出时最好随车携带备查。商业险，主要险种有车损险、第三者责任险及其不计免赔险，附加险种有盗抢险、玻璃险、划痕险、车上人员险、自燃险和涉水险等。汽车经销店通过代理保险公司业务可获得相应手续费收益，因此汽车销售顾问有必要了解汽车保险常识，以引导客户在本店投保车险。

5）装饰精品。装饰项目主要包括玻璃贴膜、地胶、脚垫、底盘装甲、漆面封釉、加装轮眉或挡泥板、加装防撞胶、加装扶手箱、加装车门窗雨挡、装桃木内饰、装排气管尾喉等。精品项目主要包括车载香水、小饰品、个性地毯、个性座套、方向盘套、擦车麂皮、浮尘掸子、车载冰箱、野营帐篷、轮胎养护剂、空气清新剂、皮革养护剂、车用抛光蜡、品牌服装、品牌钥匙链等。精品装饰项目与车型档次、配置，以及客户喜好、消费能力高度相关。对许多客户而言，汽车是第二个家或移动办公室，必须具有符合其审美的内饰装潢和满足其个性化需求的拓展性功能；对汽车经销店而言，精品装饰业务利润丰厚，还可与营销政策结合促进销售，因此汽车销售顾问有必要了解装饰精品常识。

6）汽车改装。汽车改装主要分为两类：

①性能改装，例如发动机控制软件升级、制动装置升级、悬架升级、前照灯升级等。

②外观改装，例如车身改色、轮辋升级、内饰个性化装饰、外饰个性化装饰等。

需要特别注意的是，汽车改装业务必须在符合国家法规要求的前提下开展，而且不能违背公德良俗，否则就会得不偿失。汽车销售顾问有必要了解与汽车改装相关的法规，引导客户合法合规消费改装项目。

7）汽车美容。汽车美容主要分为两类：

①外观美容，项目包括车身漆面打蜡/封釉、镀晶、贴车衣、车身/底盘清洗、划痕处理、轮胎养护、底盘装甲、玻璃抛光、灯罩养护等。

②内饰美容，项目包括内饰清洗、臭氧消毒、仪表板养护、地毯/脚垫清洗、座椅清洗养护等。

对购车客户而言，汽车美容是使汽车保值的有效手段之一；对汽车经销店而言，汽车美容是与装饰精品业务高度相关的高利润业务，有些企业会将装饰精品业务纳入汽车美容业务范畴。汽车销售顾问有必要广泛了解汽车美容常识，在满足客户个性化需求的同时，为企业赚取更大利润。

8）汽车养护。养护指根据汽车各部位不同构造、不同材料、不同工况所需的条件，采用不同方法和不同性质的专用材料或产品，对汽车进行合理的保养及护理的工艺过程，包含保养和护理两个方面。汽车养护绝不是可有可无、可做可省的事，它对汽车的安全性能、使用成本、价值保持等都有重要影响。所谓"三分修、七分养"，养护用心得当，就能使汽车保持良好的性能水平，降低汽车的故障概率，让用车省心省钱。汽车销售顾问掌握一些汽车养护常识，有助于为客户提供更周全的服务，赢得客户信赖。

2.7 知识面越宽离成功越近

汽车销售顾问究竟需要储备多少知识？这些知识在实际工作中有哪些作用？这恐怕不是一两句话能讲清楚的，但好像又无须刻意多讲，因为每一位优秀汽车销售顾问的工作实践就是最佳的阐释。简言之，汽车销售顾问的知

第 2 章 汽车销售顾问的职业"范"

识结构应该是"T"形的：专业知识就好像库存深度，要精深扎实，最好供大于求；衍生知识就好像库存宽度，要多方兼顾，但丰俭由人。

汽车消费者表面上是在买车，实质上是在买需求、买感受，换位到销售顾问的角度，你卖车的实质就是在卖需求、卖感受。你每天要面对的客户形形色色，他们的产品需求、服务需求千变万化，只有尽可能拓宽知识面，你才可能在与客户交流时找到共鸣点/共情点，正确回应他们的需求和感受。以下列举几项汽车销售顾问有必要了解的知识点。

1. 新车销售渠道

按照目前国内汽车市场的实际情况，新车的销售渠道主要包括：

① 4S 店，指集整车销售、信息反馈、备件供应、维修服务为一体的品牌车型专营店、经销店。

② 二网，指品牌店下属的二级网点，也称城市展厅，主要功能是整车展示与销售及信息反馈。

③ 汽车超市/大卖场，集多个品牌、多种车型或多家经销商于同一场地，消费体验类似超市。

④ 体验店，既可能是汽车制造商直营，也可能是授权经销商经营，典型的如特斯拉，客户先在体验店赏车选车，了解相关常识，然后通过制造商官方网站或 APP 下单，最后通常由制造商/经销商直接将新车送到客户指定的地方。

⑤ 拼缝，既可能是中介公司，也可能是个人，指与经销店合作为终端客户提供代理购车服务。

⑥ 互联网平台，客户通过互联网平台选车、购车的汽车销售模式。

2. 新车流通术语

① 库存深度，指当月库存量/下月计划销售量，反映了库存周转情况。

② 库存宽度，指库存的车型有多少种，以及各车型分别有多少种颜色、多少种配置，反映了库存丰富程度。

③ STD 是英文 Sales to Dealer 的首字母缩写，指汽车制造商销售/交付给汽车经销商的车辆数量，媒体常引用的数据，既能反映汽车行业现状及发展趋势，也能反映汽车经销商的经营能力。

④ AAK 是德文 Anlieferung an Kunden 的首字母缩写，指车管所实际上

牌数量，即经销商真正交付到消费者（包括企业和个人）手中的车辆数量，国家统计局和中国汽车工业协会常引用的数据，既能反映汽车行业现状及发展趋势，也能反映汽车经销商的经营任务完成情况。

3. 汽车性能评价

汽车销售工作中经常接触的汽车性能评价项目如下（不完全等同于技术角度的性能评价）：

①动力性，主要通过三个指标来评价：最高车速，指汽车在平坦路面上能达到的最高速度，速度越高，动力性越好；百公里加速时间，即汽车由静止加速到100公里/时所用的时间，用时越短，动力性越好；最大爬坡能力，指汽车满载时所能爬上的最大坡度，坡度越大，动力性越好。

②制动性，主要指汽车行驶时在短距离内停止且维持行驶方向稳定的能力，通常用百公里制动距离，即汽车由100公里/时减速到静止所行驶的距离，距离越短，制动性越好。

③经济性，一方面指燃油经济性，以等速或综合路况下的百公里油耗来衡量（计量单位是升/100公里），百公里油耗越低，经济性越好；另一方面指综合用车成本，包含加油/充电、保养、修理等费用，这是大多数客户选车时会考虑的因素。

④安全性，一方面指主动安全配置情况，此类基础性配置通常包括防抱死制动系统（ABS）、电子制动力分配（EBD）系统、车身电子稳定（ESP）系统、牵引力控制系统（TCS）等，高阶配置通常包括盲区监测（BSM）系统、变道辅助（LCA）系统、车道保持（LKA）系统、自动紧急制动（AEB）系统等；另一方面指被动安全设计和配置情况，设计方面主要是车身结构形式、主要受力件的材料和性能（屈服强度），以及前后防撞梁和副车架的材料与结构，配置方面主要是安全气囊、预紧式安全带、溃缩式转向管柱等。

⑤操控稳定性，分为操控性和稳定性两个维度，前者针对汽车与驾驶人的互动，指汽车响应驾驶人转向指令的能力，后者针对汽车与外界环境的互动，指汽车抵抗外界干扰，保持稳定行驶的能力。

⑥舒适性，大概包括行驶平顺性（悬架性能）、振动噪声抑制（NVH设计）、温度湿度保持（空调系统），以及座椅的人体工程学设计、电气设备的人机工程设计（例如车窗、空调、多媒体系统的控制键位置）、人机界

面设计（例如中控系统操作逻辑）等维度。

4. 汽车质量担保

汽车质量担保是汽车生产企业为终端消费者提供的一种质量保证服务，指在规定的期限和里程范围内，针对由汽车质量导致的故障、缺陷，在符合生产企业质量担保条件的情况下，由生产企业授权经销店/维修站免费提供修复和更换零部件服务，情况严重时可换车或退车。

汽车质量担保涉及或遵循的国家法规有《消费者权益保护法》《缺陷汽车产品召回管理条例》《家用汽车产品修理、更换、退货责任规定》（简称三包规定）。汽车销售顾问要注意提醒车主遵循《质量保证手册》《车辆使用手册》的要求用车养车，正确理解质保的免责规定，避免因错误操作或误解规定导致无法享受质保。此外，还要敦促车主配合经销店及时将个人和车辆信息录入生产企业客户服务系统，确保质保及时生效。在车主产生质保需求后，汽车销售顾问要注意提醒车主携带购车发票、行驶证、质保手册、三包凭证等材料，及时前往授权经销店/维修站。

5. 汽车使用注意事项

1）车辆年检，所有已经取得正式号牌和行驶证、登记证的车辆，都必须按照《机动车运行安全技术条件》《道路交通安全法实施条例》的规定，在一定周期内、按一定程序、接受一定项目的检验，其作用是及时消除安全隐患，督促加强维护，降低交通事故发生概率。相关法规要求，非营运7座以下轿车自新车上牌后6年内免于上线检验，其间每2年进行1次检验，只需处理完所有违章/事故后提供交强险（车船税完税）手续，就可直接领取检验标志。检验所需材料通常包括行驶证、交强险保单副本（车船税完税）、委托书/代办人身份证（复印件）。具体的检验项目、流程、费用和注意事项等，在车管所及各授权检测场均有公示，最好采用预约方式进行检验（通过手机端"交管12123" APP即可操作）。

2）驾照年审，包括在有效期内按规定周期审验和有效期到期换证，参照的法规为公安部颁布的《机动车驾驶证申领和使用规定》，审验和换证周期根据准驾车型按照取得驾照的时间顺延推算。每次审验或换证后，在驾照副证或另有回执上，审验部门都会加盖有效截止日期戳，以提示下次审验日期。换领新证时，须携带身份证、驾驶证、4张1英寸白底彩色照片和体检证明到所在地车管所办理。年审时，须携带身份证、驾驶证和体检证明到所在地车管所办理。无论换证还是年审时，在有效期满前 90 日内均可办理，但要注意当时计分周期内的违章记分必须小于 12 分。驾照过期后的一年内进行年审，不会被罚款或被注销，超过一年则会被注销。

3）交通违章，指违反交通管理规章的行为。凡是车辆、行人违反交通管理规章制度和机关、团体、企业、学校及其他组织或个人未经公安机关批准随意占用道路摆摊设点、停放车辆、堆物作业、搭棚盖房，以及进行集市贸易、群体聚会和其他妨碍交通的活动，均属交通违章。交通违章者既可能是个体也可能是单位，既可能是机动车，也可能是非机动车或行人。违章判定的法规依据是《道路交通安全法实施条例》及各地公安交通管理机关颁布的管理条例、临时交通措施实施条例等。交通违章的判定，有交通警察/协警现场执法和电子监控拍照、录像证据采集或被他人有证据举报等手段。违章的处理，根据情节按照法规有入刑、拘留、吊销驾照、暂扣驾照、罚款、记分等。特别要注意的是，在机动车违章非现场执法处置中，按现行管理办法是由该机动车受益人承担责任，因此要慎重授权他人驾驶自己的机动车。

2.8 汽车销售新手的入门路径

笔者在从事汽车经销店管理和汽车行业员工培训工作的过程中，接触过不少刚入行的新手，既有刚走出校园的实习生，也有因热爱汽车或迫于各种原因转行而来的青年朋友，他们都很想做好这份工作，希望能在一定时间内成为一名合格的汽车销售顾问，独立担负起岗位任务。然而，一方面新手们要在短时间内快速掌握纷繁复杂的业务知识，另一方面部门领导在业绩任务重压下往往疏于关注新手们的培养和提升，这就造成了一个双输的局面，新手难以茁壮成长，而经销店也补充不上堪用的新生力量。那么，作为刚入行的新手，你该怎么办呢？

我们先来看新手通常会面对的问题：

1）我不知道从何做起、从哪学起。

2）在销售经理或内训师对我进行考核时，我紧张得手忙脚乱，不知道该做什么。

3）我在与客户交谈时总是很拘谨、放不开，对客户提出的问题反应不过来。

汽车销售不仅需要专业知识，还需要待人处事的经验，从没接触过这项工作的人刚刚走上岗位时都会面临这些问题。换言之，出现了这些问题并不能说明你无法胜任这项工作，你需要的是循序渐进地学习和适应。

大多数优秀汽车销售顾问的经历表明，按照下面的顺序一步步走下去，你就会迎来意想不到的蜕变，见图2-4。注意，这个过程绝不能"偷工减料"，否则只会让自己吃苦。

图2-4　汽车销售新手的成长路径

第一步：学习汽车基础知识

对汽车一窍不通，是吃不了汽车销售这碗饭的。汽车基础知识是你日常与客户交流时必然要用到的。如果你连汽车的基本构造都不了解，那培训资料里的参数和要点对你来说确实就像天书一样，背起来肯定吃力。正如前文所述，汽车销售顾问的职业形象是靠扎实的汽车基础知识支撑起来的，如果在汽车基础知识上一问三不知，你是不可能在销售岗位上做好做长的。

第二步：掌握基本商务礼仪

走上汽车销售岗位，只有掌握了基本商务礼仪，你才有可能给客户留下良好的第一印象，也才有可能把其他工作做好。客户对你没有好感，你就很难获得交流沟通的机会，更遑论让客户信任你。客户不信任你，你怎么可能把车卖出去？

第三步：了解汽车品牌文化

不同品牌车型的构造大同小异，但每个品牌所承载的汽车文化却千差万别。将所售品牌的文化，包括品牌发展史、经典车型、重要人物、品牌价值观等烂熟于心，你面对客户时就不可能无话可说。你的自信心也会因此不断提高，而你的自信一定会感染客户，让他/她认可你，接受你的建议。

第四步：记熟车型参数配置

车型的参数配置是大多数客户选购时非常关注的问题，把参数配置倒背如流也是汽车销售的基本功。如果你连参数配置都搞不清，客户是不可能信任你的。

第五步：销售流程烂熟于心

接待客户是有标准流程的，先要明确做事的先后顺序，再去学习一步步该怎么做。从迎接客户到询问需求、介绍产品，再到价格谈判，成交后还要办理各种手续和交车，这其中可能还有异议处理等，只有掌握了流程顺序，才可能逐渐摸清每一步的门道。

第六步：店端规范熟悉遵守

每个品牌的每家经销店都会有一套运营管理规范，这其中杂糅了品牌厂商和经销店自己的要求和标准。品牌厂商会对经销店进行定期的考核或不定期的"飞行密访"，且考核/评价结果多与销售返利挂钩。针对销售工作，经销店会根据市场和店面情况制订各阶段销售策略，因此车型销售价格和规则会不断变化，销售顾问必须掌握。此外，成交优惠的审批权限是不可逾越的，否则你就会陷入被动，报价高了谈不成，报价低了（俗称"报穿了"）要么挨领导训后自己倒贴，要么不要诚信反悔让客户不满。

第七步：找个师傅跟着学学

大多数经销店都会给销售新手安排一位师傅，让师傅带着你做事，不会让你一开始就独立承担销售任务。跟着师傅学的阶段非常重要，你要时刻跟着他/她，不放过他/她工作里的每一个细节。从每天的准备工作开始，看师傅怎样进入状态，怎样一步步推进流程，每一步的要点是什么。同时，你还要学会"眼里有活"，学习一段时间后，很多事就要做在师傅前头。和师傅搞好关系后，也不要忘记身边的其他同事，日常积极主动地帮助同事们完成一些事，他们自然也愿意帮助你，日久天长，人际关系搞好了，你的业务进步也会越来越大。

第八步：实战接待检验自己

完成上面七步，你就可以开始通过实战检验自己了。实战检验前，争取多和同事们演练，多向前辈们请教，让大家帮你挑毛病，教你一些实战诀窍。最好养成按阶段总结问题的习惯，把日常遇到的问题记录下来，通过不断请教和磨练去解决问题、避免问题。实战检验切不可操之过急，做不了全部流程，就从某个相对简单的环节做起，逐渐把每个环节做扎实，最后等时机成熟了，再全流程串起来做。这样一来，你成功拿下一单的概率就会增大不少，而成功拿下一单之后，你的信心也会增大不少，这就形成了良性循环。

切记，即使能"单飞"了，也不要得意忘形，你还有很长的路要走，唯有不断学习与积累，你才能成为真正的销售冠军。

第 3 章
做好潜在客户的开发与管理

导　读

　　什么样的消费者有可能成为我们的潜客？从哪些渠道、用什么方法开发潜客？怎样管理潜客才能实现成交转化？对待客户应该保持怎样的心态？

　　对汽车有需求，同时具备购买力和决策权的消费者就是我们的潜客。我们通常可以从"四个方向、六个渠道"来开发潜客。

3.1 谁是我们的潜在客户？

A. 小周最近在股市里赚了钱，想把手里的二手车升级换代，但还没有选定车型。
B. 小张家最近拆迁搬到了远郊的新小区，还获得了不少补偿款。
C. 某地财政局正在做车改试点，由单位配车改为按级别发放车补。
D. 小李马上要大学毕业了，他是个车迷，而且在上学期间已经考取了驾照。
E. 小董刚考取驾照，他一直很关注汽车市场，但目前手头不算宽裕。
F. 小于是某工程公司的老板，刚在远郊接了一个工程，想买一辆既能拉人又能少量拉货的车。

上面这些人里，谁是我们的潜客？汽车销售顾问在工作中面临的首要问题，就是开发与识别潜客，因为：①通过潜客开发，可以积累更多客户信息，扩大客户基盘，创造更多销售机会，同时提高经销店和个人的知名度；②通过潜客开发，可以相比竞争对手更早地接触客户，在汽车销售这个竞争异常激烈的行业中，如果你不能主动"出击"，早晚会被淘汰；③通过开发潜客，可以及时掌握客户的需求变化，提升自己的销售技巧。潜客开发，实质上是针对客户需求的引导与改变。

汽车销售的成功三要素：①**需求**，即客户对产品的需求，一个产品能够满足客户的某方面需求，客户才可能购买它，这是销售的前提；②**信心**，即客户对产品的认可，客户认可一个产品的价值和质量，认可它的生产方、销售方以及销售者（汽车销售顾问）的承诺和信誉，才可能购买它；③**购买力**，一个产品的销售价格是否在客户的购买力承受范围内，决定了客户最终是否会购买它。上述三要素，也是我们识别潜客的标准和依据。

怎样识别潜客与怎样让潜客发现我们，是一个问题的两个方面。当下的现实是，尽管通信和交流手段越发便捷、高效，但快节奏的、近乎循环往复的工作和生活状态却让人们相互间缺乏真诚交流、更缺乏持久信任。地域情谊、邻里情谊、行业情谊等，不再像过去那样深厚。手机和移动互联网看似加强了人们之间的交际，其实是给人们的交际设立了无形的障碍，弱化了彼此间的真实情感联系，导致人际关系越发淡漠。汽车销售顾问的"任务"，就是迎难而上，打破这一僵局，让自己的职业身份和所销售的车型广为人知，同时主动结识八方来客，这样你才可能不断赢得成功销售的机会。

客户A打进咨询电话，询问了经销店的位置和促销车型；客户B主动进店，要求试乘试驾刚上市的新车型。按照前文的定义，他们都是我们的潜客，但我们不可能对每位潜客都倾注相同的精力，那么，谁是更值得我们关注的潜客？

在产品和服务趋于同质化的今天，精准销售才是我们工作的核心原则。因此，我们有必要对潜客按一定特征进行区分，进行差异化的管理与跟进。潜客分级管理方法，见图3-1。

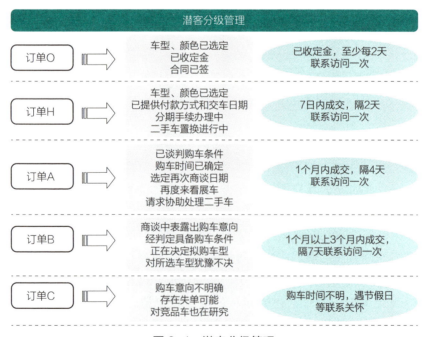

图3-1　潜客分级管理

通过对潜客进行分级管理，可以使相关工作有系统、有重点、有次序地推进，包括制订合理的回访计划、采用恰当的回访方式、策划得当的回访话术、选择合适的回访时间、择机与客户联络、适时为客户提供帮助，以及避免遗忘客户嘱托等，带着明确的目标去做每一件事，有条不紊、有的放矢，才可能提高工作效率。

图 3-2 所示的潜客漏斗原理，普遍应用在销售工作中。可见，漏斗大口端代表尽可能扩大与消费者的接触面，吸引更多潜客，增加客流，为销售成交打基础；漏斗直径逐渐变小代表对潜客进行筛选和管理，有针对性地做好跟进工作，力争缩短成交时间；漏斗小口端代表将成交客户转化为基盘客户，争取置换、增购和转介绍的机会。

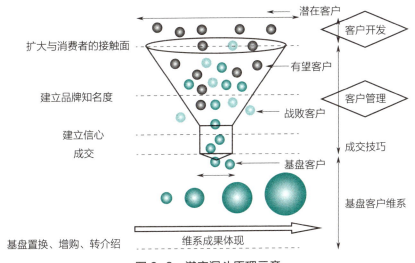

图 3-2 潜客漏斗原理示意

在汽车经销店的业务管理中，汽车销量 = 潜客数 × 成交率。潜客数可能来自于到店客户、电话/网络、亲友/同行介绍、老客户介绍、老客户再购、二网/大客户等六个渠道，而成交率除与品牌、车型、经销店口碑及营销策略相关外，还与销售顾问的业务技能、谈判技巧、实战经验、促交意愿等密切相关。

3.2 我们的潜在客户在哪里？

表 3-1 所示为 6 个主要的潜客开发渠道，图 3-3 所示为 4 个主要的潜客开发途径。

表 3-1　潜客开发的 6 个主要渠道

序号	渠道	目标	重点
1	电话营销	收集资料、促进成交	鼓励客户带亲朋参与，提高客户满意度，长期坚持
2	人脉拓展	梳理人脉、挖掘潜客	经营人脉，长期联系，利益吸引
3	网络营销	多种途径、全面撒网	不同渠道发布信息，全面拓展
4	自我营销	不放过一切机会	利用所有时间和人脉，把销售工作融入生活
5	巧截客户	截取竞品客户	为客户做利弊分析
6	战败复活	挽回战败客户	对症下药

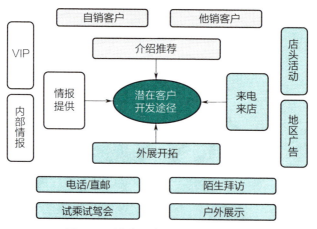

图 3-3　潜客开发的 4 个主要途径

以下是对 4 个主要潜客开发途径的解析。

1）来电/来店，这是多数销售顾问最依赖的潜客开发途径，但如果控制不好就很容易被客户引导进入"价格战"，恶化成交条件。应当尽可能争取面谈。

2）介绍推荐，指老客户转介绍，这一途径的成交条件相对容易控制，而且成交率高、成交速度快。工作的关键是维护好老客户。合理利用好老客户资源，会让工作事半功倍。

3）外展开拓，这是刚入职的销售顾问开发潜客的主要途径。车展、巡展等外展活动可以增大你的接触面，给你带来丰富的拓展人脉的机会，同时锻炼你的接待和洽谈技巧。不过，这一途径的成交周期长，成交条件不易控制，成交率相对较低。

4）情报提供，指汽车制造商、所在经销店通过电话或互联网等渠道获取的意向客户留资，你可以从这些留资里筛选自己的潜客。这一途径既有一般潜客，也有经特殊关系推介的VIP潜客，只要洽谈方法得当，成交率通常不低。

以上4个途径中，通过介绍推荐和情报提供建立的客销关系稳固度相对较高，而通过来电/来店和外展开拓建立的客销关系稳固度相对较低。因此，在开展相应工作时要有所侧重。

潜客开发中常见的"坏毛病"

潜客开发是一项费时费力的工作，因此很多销售顾问宁愿在展厅里"守株待兔"，也不愿去开发潜客，天天守着手里的老客户打转。殊不知，你的老客户通常会以每年20%左右的比例流失！他们可能转行、转产、歇业、搬家，可能因为各种原因离你而去，这些都是你无法控制的。如果你不能不断开发新客户，那你的基盘客户就会逐渐流失殆尽。以下是很多销售顾问在潜客开发中暴露的问题。

1）抱怨多、借口多，方法少。有些销售顾问，总是把潜客开发不力归结到客观因素上，总是抱怨条件差、对方意愿低、受他人影响，从不检讨自身因素，不愿为失败承担责任。此外，他们还很会找借口，总是把"我们店的销售策略不给力""我们的产品力、产品质量和交易条件都不如竞争对手""某品牌车型的产品力和我们差不多，但价格比我们低"挂在嘴边。他们不会换个方向想一想，为什么别人能做到的自己却做不到？别人是怎么做到的？

事实上，当人们面临真正严重的困难时，通常是不会想到找借口的。只要你还能找到借口为自己开脱，就表明你的潜力还没有完全发挥出来。抱怨和借口只会暴露你的幼稚与无能。优秀的销售顾问绝不会把精力耗费在抱怨、找借口上，因为自尊心绝不允许他们这样做。

🎧 **高手支招**：不找理由、不找借口，只讲方法！

2）依赖心强，欠缺主动。有些销售顾问，领导不指示、不安排，就不会主动作为，领导不监督、不考核，就想方设法偷懒，没有送上门来的客户就不开张。而优秀的销售顾问会经常扪心自问，"我能为推进销售工作做些什么？""我手里还有哪些没有充分利用的人脉？""哪些老客户可能帮助我？"

🎧 **高手支招**：不等不靠，敢想敢试，大不了从头再来！

3）缺乏自信，毫无激情。自信沟通、适时赞美是潜客开发、拓展人脉的两大法宝。自信源于你对本职工作的热爱，而你对本职工作的自信，总能潜移默化地感染客户，客户对你不反感、愿意与你交流，你就有机会了解他/她的需求、动机和好恶，适时给予他/她积极反馈，这就会形成一个良性循环。总是担心自己做不好，却又不主动寻找提升方法，就会逐渐陷入自暴自弃的死循环，没有客户愿意和一个"死气沉沉"的销售顾问打交道。

🎧 **高手支招**：相信自己的选择，热爱自己的工作，为每天的一点点进步而自豪！

4）轻言寡信，缺乏恒心。有些销售顾问虽然能说会道，工作也很卖力，但就是不出业绩，这大多源于他们的"轻言寡信"。他们昨天答应客户要办的事，今天可能就忘了。为了留住客户或担心客户中途反悔，他们不管是否有能力做到，都会把事情先应下来。要知道，做汽车销售最讲求的就是信用，而获得客户信任的最有效方式就是信守诺言。此外，汽车销售这类业务工作就像马拉松比赛，仅凭一时冲动是无法成功的，持之以恒才可能达成目标。

🎧 **高手支招**：不随意承诺，说到必须做到！坚持正确方法，付出必有回报！

5）对客户关心不足。销售能否成功的关键就在于能否抓住客户的心，如果不懂得察言观色、倾听归纳、适时反馈，对客户的关切一知半解，对客户的诉求无动于衷，销售多半无法成功。关心客户，既要有责任心和热心，也要体现出职业素养和业务水平。

🎧 **高手支招**：关心 = 关注客户的需求，拓宽知识面，锻炼业务敏锐力！

3.3 怎样高效开发潜在客户？

潜客来源于人脉，人脉会不断转化为潜客。你的人脉越多、越广，你的潜客来源就越多，潜客开发也越轻松。

作为销售顾问，要学会在人脉圈子里"营销"自己，设法让大家都知道你在做汽车销售，知道你销售的汽车品牌是什么，同时多留心"圈友"的情况，例如他们的住所、职业、收入、消费、兴趣等，了解他们与汽车有关的动向和爱好。在日常交际中，注意发展与有车"圈友"和有购车需求的"圈友"的关系，了解影响他们用车和购车决策的因素，然后制订合适的营销方案与推进策略，择机争取他们的订单。

前文提到的汽车销售大师乔·吉拉德，在开发潜客上的秘诀是"让名片满天飞，向每一个人推销自己"。

绝大多数销售人员都会使用名片，但吉拉德的做法与众不同：他到处递送名片，在餐馆结账时，他要把名片夹在账单里；在运动场上，他会把名片大把大把地抛向空中，让名片漫天飞舞，像雪花一样，飘落在运动场的每一个角落。你可能对这种做法感到奇怪，而吉拉德说："我同意这是个很怪异的举动，但就是因为怪异，人们才会记住，而且只要有一张（名片）落入想买车的人手里，我赚到的佣金就可能超过名片的成本！"

吉拉德认为，每一位推销员都应该设法让更多人知道自己是干什么的，销售的是什么商品。这样，当人们需要他的商品时，就会想到他。当人们想买汽车时，自然会想起那个靠抛撒名片"出风头"的推销员，想起名片上的名字——乔·吉拉德。同时，要点还在于，有人的地方就有潜客，如果你让他们知道你在哪里，你卖的是什么，你就有可能得到更多销售机会。

下面我们再来看看丰田汽车公司的做法。

丰田汽车公司给推销员们制订的推销策略是：①首先推销自己的人品，取得客户的信任，从而创造一种能亲切交谈的气氛；②为了使客户对你推销的车型感兴趣，要说明车型的效用，大力宣传它的优越性；③说服客户接受你的出价。如果前两个步骤都能顺利推进，那么让客户接受出价就不是一件难事。

以上三点称为"销售三原则"。此外,很多日本公司会采用"访问"的方式推销产品,通过访问活动,向原本不太想买车的人,积极说明汽车的效用,让他们感到有买车的必要。这类活动称为"访问销售"。

别人能记住你,是因为你对他们有用或者说有价值。你所在的品牌和店面是你展示自我价值的平台,如果你不能认清这一点,拓展人脉就会变得动力不足,你也不可能满怀激情地投入工作。那么,销售顾问如何才能获得高质量的人脉资源呢?你可以尝试以下方法。

1)积极设法参加行业协会主办的交流会/论坛、汽车展会以及有关汽车的各种活动,这样不仅有机会结识汽车领域的权威人士,还能获取大量有价值的名片和联络信息。

2)积极设法与店面所在区域内的政府机构、企业/组织、学校、医院、媒体等建立密切联系,滚动结识更多有价值的异业人士。

3)积极参加与职业有关的培训活动,关注行业咨询,在提升技能水平、开拓职业视野之余,还可能获得意外的人脉资源或合作伙伴。

借助以上方法获得更多人脉资源后,如何管理才能使人脉资源更好地发挥效用呢?

1)表格管理。制订人脉关系或潜客清单(可命名为《人脉关系维护记录表》),记录他们的详细信息,按工作需要分类,评估他们的需求强度、决策力和购买力。

2)分级管理。把所有人脉按重要程度和对汽车的需求强度分级,以此确定维护频率(每周、每月或每季联系一次)。

3)保持联系。多利用简单的方式,例如微信、电话等进行问候,让人脉处于"被激活"的状态,以便掌握对方动态。

4)注意跟进。当获知对方有某些需求时,即使与汽车无关,只要你能介入或帮忙,就要尽可能跟进,这是让别人记住你的最好方式。

5)借势联系。在条件允许、时机合适的情况下,主动发起聚餐、出游、自驾等活动,这是增进彼此关系紧密度和进一步扩大人脉的有效方式。

需要注意的是,那些对你的职业感兴趣,认可你甚至赏识你,本身又具备一定影响力且热心肠的人,一定要重点维护。实践证明,这类朋友能帮助你在职业路上行稳致远,通过加强与他们的交往,你一定能获得更多的人脉资源。

3.4 销售机会的创造与发掘

"销售就是生活",把随时随地创造销售机会变成自己的一种意识和习惯,你就不会错过任何一位潜客。随时随地发现机会→抓住并利用机会→为职业发展打基础→不忽视任何人→养成遇人聊两句的习惯→增加潜客,这是要融入潜意识里的职业生存法则。

销售机会,指利用客观环境实现销售目的的可能性。捕捉销售机会,对销售顾问的职业敏感度和业务能力都有较高要求,它要求销售顾问能及时收集并分析影响销售实现的环境变化信息,从中发现销售机会出现的可能性和具体内容;要求销售顾问能看准时机,恰到好处地捕捉销售机会,善用销售机会;要求销售顾问能发挥主观能动性和创造性,善于打破常规,创造属于自己的销售机会;要求销售顾问善于把握因地制宜、因人施策的原则,研究销售机会的空间适应性。

1. 销售就是与人的互动

我们先来看笔者的一次亲身经历。

在上海开往北京的某次高铁上,当大家都沉醉于车窗外的风景时,某排邻座的两位旅客好像有聊不完的话题:

笔者当时正在某汽车品牌从事服务管理工作,身穿印有品牌LOGO的白色衬衫,而坐在笔者身旁的是一位热爱自驾游的旅客,与笔者并不相识。那位旅客被品牌LOGO吸引,主动与笔者攀谈起来,这就有了一路的汽车话题。那位旅客对笔者服务的品牌很感兴趣,通过与笔者的交流,他此前关心和疑虑的问题都得到了解答,没过多久,他就成了这个品牌的车主。

一次寻常的差旅经历,让笔者抓住了销售机会,并且最终促成了销售。只要你把销售融入生活,甚至将它视为一种引以为傲的生活方式,你就有可能在任何时间和地点找到客户,创造商机。

2. 拓展人脉的要领

拓展人脉有哪些要领呢?

1)自信沟通。主动抓住机会了解他人,询问他人的需求、渴望或动机,给予适当的反馈。遇人要主动交流、良性互动。

2）适时赞美。懂得欣赏别人、赞美别人，在交流中适时适度地给对方点赞，拉近彼此的关系。

3）随时随地发现机会。对每一个可能的机会保持高度的敏感性，在乘坐公共交通工具时、参加聚餐聚会时，甚至一次不经意的擦肩而过时，主动结识那些可能给你带来机会的人。

4）善于利用可能的机会。发现机会并不是目的，利用机会才是目的，发现机会后要马上行动，创造销售条件。

5）用长远眼光发展关系。不要计较新结识的人是否一定会成为你的潜客。即使他/她现在不是，也不代表他/她未来永远没有购车的需求，即使他/她本人不是，也不代表他/她身边的人没有购车的需求。只要你经营好彼此的关系，未来总有收获的一天。

6）不忽视遇到的任何人。你遇到的每一个人，都可能给你带来销售的机会。因此，在拜访重要客户、目标客户时，不要忽视那些看似无关的"小人物""非目标""过路客"。

7）养成主动与人打招呼的习惯。遇到相识的人，哪怕不是很熟悉，只是一面之交，也要主动打招呼，同时强调自己的身份："您好，您还记得我吗？我是某某品牌某某店的小张啊！"寒暄过后，可以马上说："您身边有亲朋打算买车吗？一定来找我啊，保准让他满意！"短短几句话，就可能给你带来销售机会。

记住，潜客开发如果只停留在来店客户的层面，就一定会陷入"僧多粥少"的困境，你要想成为胜出者，就必须走出展厅，成为"拓荒人"！

3.5 持续真诚关怀客户

拓展了人脉、开发了潜客，并不意味着可以坐享其成、坐等成交了，给予客户所期望的尊重与关怀，让客户感受到真诚，他/她才可能信赖你，进而"爱屋及乌"地认可你推荐的产品和服务。下面我们再来看一个乔·吉拉德的小故事。

一天，一位中年妇女走进吉拉德所在的汽车展厅。她说自己很想买一辆白色福特车,就像她表姐开的那辆一样,但对面福特车行的销售员让她过一个小时再去,所以她就先到这儿来转转。"夫人,欢迎您来看我们的车。"吉拉德微笑着说。中年妇女兴奋地告诉他:"今天是我55岁生日!我买车就是送给自己的生日礼物!""夫人,祝您生日快乐!"吉拉德热情地祝贺道。随后,他轻声向身边的助手交代了几句。

吉拉德一边引导着中年妇女从一辆辆新车前慢步走过,一边耐心介绍。来到一辆雪佛兰轿车前面时,他说:"夫人,您对白色情有独钟,瞧这辆双门轿车,也是白色的。"

就在这时,助手走了过来,把一束玫瑰花交给了吉拉德。吉拉德转手把玫瑰花送给了中年妇女,再次祝她生日快乐。中年妇女顿时感动得热泪盈眶,激动地说:"先生,太感谢您了,已经很久没人给我送过礼物了。刚才那位福特销售员看到我开着一辆旧车,一定以为我买不起新车,所以在我提出要看一看车时,他就推辞说要出去收一笔钱,我只好上您这儿来等他。现在想一想,也不一定非要买福特车不可。"后来,这位中年妇女买下了吉拉德推荐的那辆白色雪佛兰轿车。

看完这段小故事你作何感想?面对一位走进展厅,明确表达准备买竞品车型,只是来你这儿打发时间的客户,你会怎么做?吉拉德用一个看似微不足道的"善举",颠覆了客户的购买意向,用尊重与关怀赢得了客户的心。记住,很多客户购买的不仅仅是车,还有一种态度,这种态度源于经销店的氛围,更源于销售人员的心。

那么,销售顾问要怎样去实践对客户的尊重与关怀呢?

1. 记住对客户有意义的日子

每个人的生日、结婚日、乔迁日、购车日背后,都可能有一段感人的、值得回味的美好记忆。人们对这些具有特殊意义的日子寄托了特殊的情感。聪明的销售顾问,懂得利用这些时机,为客户送上一份由衷的祝福,可以是一束鲜花,可以是一张贺卡,哪怕只是一句浓情的问候,也会让客户倍受感动。

要做到这一点,你必须养成良好的待客习惯,在交流中尽可能详细地了解客户的相关信息,整理成备忘录。

2. 给客户表现的机会

不少客户都希望自己的意见能得到认可和欣赏，甚至在人多的场合获得表现的机会。比如，有些客户喜欢讲讲自己对车的研究，喜欢分享自己与车有关的经历。销售顾问要学会利用这类机会，做好忠实听众，耐心倾听，满足客户的表现欲，随时附和，甚至发出赞叹，或不失时机地表现出虚心求教的态度。

3. 与客户分享"私密"信息

客户如果把你看成"知心人"，对你不见外，愿意对你推心置腹，你的工作肯定就容易开展。相对的，面对萍水相逢的客户，你如果能适时适度地与他/她倾诉一些心声，分享一些"小消息""小秘密"，就可能拉近彼此的关系，让客户视你为"知心人"。

当然，这里说的"小消息""小秘密"不是指真的不可告人的信息，它可以是门店即将出台的优惠政策、即将开展的福利活动，也可以是与车价相关的"敏感"信息，比如某某时间会有哪些车型调价，会有哪几辆长库龄车要甩卖，等等。这相当于把营销信息提前告知客户，有一举两得的效果。

4. 承诺是金

汽车经销店的口碑在很大程度上是每个员工的诚信度决定的。与客户沟通时，话题无论是否与车相关，只要涉及原则和利益问题，一定要实事求是、量力而"言"，保证承诺是可以兑现的。执行过程中如果因为不可抗力导致无法兑现承诺，一定要及早告知客户，万万不可拖延欺瞒，诚恳致歉并积极协商补偿办法，才有可能获得客户的谅解，使大事化小、小事化了。实际工作中，你要注意以下要点：

1）如果不能以书面形式作出保证或承诺，应当提前向客户解释说明。

2）介绍具体车型时必须实事求是，在技术、功能、配置上不能夸大其词。

3）坦率承认所售车型的缺点或不足。

4）谈及价格时，如果采用高于竞争对手的定价策略，要讲明理由，例如提车更快、没有隐藏收费项目、售后服务更周全等；如果采用低于竞争对手的定价策略，要做出"保价""保质"的承诺。

5）谈及售后服务时，对本品牌、本店的服务水平和技术实力要实事求是，并明确告知客户遇到不同问题该找谁处理。

请思考，遇到下列情况时你该怎么办？

A. 你正在接待一位客户时，另一位客户进店看车，但此时周边没有其他销售顾问，你该怎么办？
B. 你问客户："您好，您需要什么帮助吗？"客户回答："不用，谢谢！我就随便看看。"这时你该怎么办？
C. 下雨时，有几个路人进到店里避雨，明确表示不是来看车的，你该怎么办？
D. 客户听过你的介绍后没有表现出明确的购买意向，临走时也不愿留下联系方式，你该怎么办？

3.6 潜在客户管理的认知误区

近年来，随着互联网技术的发展及汽车电商的兴起，针对汽车零售管理体系开发的计算机管理软件得到了大范围推广与应用，给销售顾问和销售管理层提供了便捷高效的管理方法和工具。特别是潜客管理（留资客户管理）系统的应用，既提供了潜客信息采集记录工具，又提供了客户分级管理方法。

要使一套方法和工具发挥出最大效用，首先需要对其作用和价值有正确的认知，否则只会是徒有形式。在潜客管理上，不少经销店还存在严重问题，尤以"无效跟进"和"假跟进"为甚，表面上销售顾问很辛苦，每天要拨打和接听很多潜客电话，实际上大部分都是走过场，难有成效。以下三个认知误区，是导致这些问题的主要因素。

误区1：单人保有的潜客越多越好

月满则亏，水满则溢，世间任何事物都有一个适度的问题。每家经销店都希望自己宾客盈门，每位销售顾问都希望手里的客户源源不断，这都可以理解，毕竟销售成交量是进店客户量带来的。销售顾问手里客户多，虽然表明经销店的潜客开发有成效，但如果维护工作负荷超出了个人承受范围，就可能适得其反。单人保有的客户量适度，做好精准管理和维护，才是正确的工作原则。

有不少经销店，强制规定销售顾问人均月保有潜客量要达到 200 批甚至 300 批。这个量级的潜客保有量，显然与精准、精细化管理原则背道而驰，等于倒逼销售顾问"粗放管理"潜客。再如，有的销售经理要求每位销售顾问每天必须打 20 个客户跟踪电话，如此一来，再加上对交车客户的回访，以及频繁接待进店客户，销售顾问根本没有时间、精力，更没有好心情去维护潜客。

长此以往，销售顾问不可能有耐心主动去认真研判客户，至多根据级别尽到提醒义务，了结"跟进任务"，所谓"跟进"，就变成了在 APP 上"签到打卡"。

正确的做法应该是，基于本店客观条件和每月新增潜客量，来匹配销售顾问的潜客保有量，或根据销售任务和客户流量，来匹配销售顾问的数量。一个月均单人零售量为 7~8 辆的销售团队，如果潜客转化率为 7%，合理的潜客资源配置区间，就应该是每人每月 100 批左右。

误区 2：客户跟进的频率越高越好

在客户跟进上，有些经销店和销售顾问，出于怕跟丢、怕被抢的心态，坚持采用"宁可错杀一百不可放过一个"的策略，恨不能把所有客户都划到 H 级做高频跟进。殊不知，这样的做法，不仅会打扰很多不想被跟进的客户，还会因低效且高负荷而挫伤销售顾问的信心。站在客户的角度看，一位急于买车、诚心买车的客户，是希望有销售人员跟进的。但事实是：一家月销量在 100 辆规模的经销店，假设潜客转化率为 7%，扣减当月战败数，通常会有约 1000 批潜客当月不会下单。这 1000 批潜客当期大概率属于"厌跟进"型潜客，也就是暂时不希望销售人员跟进。

由此可以算出，每月大概只有 1/3 的潜客是需要密切关注，并保持联系热度的。也就是说，在跟进工作上，销售顾问应该把主要精力放在这 1/3 的潜客身上。需要注意的是，这 1/3 的潜客不能随意"框选"，而要严格根据级别标准进行筛选。

汽车销售业务也适用"二八法则"，也就是说，有 80% 的业绩是 20% 的客户带来的。销售高手都懂得把 80% 的精力用在这 20% 的客户身上。怎样在长长的客户名单中筛选出这 20% 的潜客呢？除了采用本章开篇介绍的

"潜客分级管理"方法外,还可以参考下一章介绍的 MAN 法则,快速找出既有购买力又有购车需求,同时掌握购买决策权的客户。

误区 3:战败的客户越少越好

在战败客户的问题上,不在于量的多与少,而在于如何看待和管理。

服务客户无外乎两个结果,要么成交,要么战败。如果你全力以赴地真诚服务客户,但客户的要求突破了边界,那结果就是战败。如果你提供的条件与客户的预期相去甚远或不匹配,那结果也是战败。你提供的服务与条件只是客户选择过程中的一个"参照",这在中低端品牌/车型的销售工作中尤为常见。

站在客户的角度,下定购车决心后,选择去谁家买,取决于他/她对经销店和销售人员的信任度,以及他/她的需求是否能得到匹配和满足。站在经销店和销售顾问的角度,是否能成功吸引客户、留住客户并最终促成订单,就取决于你的表现是否能赢得客户的信任,以及你提供的条件是否能匹配和满足客户的需求,这与战败的多少没有半点关系,而与战败的管理策略息息相关。

正确的战败管理不是限制战败量,也不是考核战败率,而是杜绝"假战败""蛮战败",注重对战败原因的检讨和相应工作的改进(如优化现场接待、改善跟进话术),让"失败"真正变为"成功之母"。

第 4 章
做好进店客户的接待与跟踪

导 读

怎样让客户把购车投资事宜放心托付给你？赢得客户的信任尤为关键。展厅接待给了你建立信任关系的机会，给客户留下好印象、做好客户留资，是接待工作的重点。如果你希望在初次接触客户时就让他/她对你和你销售的产品"一见钟情"，就必须让他/她了解你能为他带来怎样的价值，意即，要么你的"范"是客户欣赏的，要么你销售的产品能满足客户的需求，抑或两者兼顾。

面对汽车这样的特殊消费品，很少有消费者能在首次进店后就做出购买决定。人们大多会在不同品牌、车型间比较，进行较长时间的商议和权衡，想法很容易被外界因素左右或改变。因此，与客户保持联络和沟通，及时掌握其需求和意向变化，销售才有可能成功。

第 4 章 做好进店客户的接待与跟踪

4.1 怎样迎接进店客户?

表 4-1 所示的展厅客户接待四大环节工作,销售顾问不仅要做好,还要形成习惯。

表 4-1 展厅客户接待四大环节工作

①准备	②迎接	③交流	④送别
人员仪容仪表;展厅展车整理;文件资料准备;工具物料准备	主动迎接,自我介绍(迎宾处轮换制值班,保证时刻有人迎接客户,并为每一位销售顾问提供均等的销售机会)	随时关注,伺机而动(与客户保持3~5米舒适距离,给客户3~5分钟自由时间,以倒水、送资料为由接近客户,或等待客户示意)	留下资料,目送道别,归档整理(利用各种方法和适宜时机,尽量劝说客户留资)

1. 接待前的准备

展厅准备工作概览见表 4-2,售前准备和每日晨会要点见表 4-3。

表 4-2 展厅准备工作概览

流程	工作要点	责任人员	借助工具
人员仪容仪表	• 仪容仪表仪态 • 工作态度 • 销售知识 • 个人工具	销售总监 展厅经理 销售顾问	销售工具夹 咨询笔记本
展车整理准备	• 展车摆放原则 • 展车摆放要求 • 展车的整理标准 • 配置表/牌	销售总监 展厅经理 销售顾问	展车检查表

（续）

流程	工作要点	责任人员	借助工具
展厅整理准备	• 店前广场设施 • 展厅建筑立面 • 展厅内部设施 • 接待物料准备	展厅经理 销售顾问 行政保洁	展厅检查表
资料物料准备	• 《客户来电/店登记表》 • 《客户管理卡》 • 《潜客等级推进表》 • 《销售顾问接待考核表》	销售总监 展厅经理 销售顾问	资料检查表

表 4-3　售前准备和每日晨会要点

售前准备满意度要点	每日晨会主要内容
①销售顾问着装统一，仪容整洁，符合职业形象； ②销售顾问站、行、握手、递名片礼仪规范； ③与客交流，语速适中，发音准确，语调柔和，距离适当； ④备好销售工具、个人工具，随时可用； ⑤去除展车座椅、方向盘、变速杆等的套罩； ⑥展车车身、车窗、车轮擦拭干净，轮辋品牌标识端正； ⑦展厅提供三种以上饮料供客选择； ⑧做好展厅迎客排班	①全体集合、互致问候、清点人数； ②检查人员着装和精神面貌、礼仪强化训练； ③销售顾问迎宾排班，强调奖惩； ④销售车源信息、最新促销信息传达； ⑤前日工作小结，激励表扬，注意事项； ⑥今日工作计划和目标，布置到人，执行者复述； ⑦销售案例分享，抽签演练，知识技能培训； ⑧布置店内临时工作

汽车经销店展厅常用的管理表格、管理工具及相关资料如下：

1）客户管理类：《客户来电登记表》《客户来店登记表》《潜客等级推进表》《销售活动日报表》《客户管理卡》《销售顾问接待考核表》。

2）试乘试驾类：《试乘试驾预约表》《试乘试驾车辆检查表》《试乘试驾意见调查表》《试乘试驾协议书》《试乘试驾路线图》《试乘试驾评估表》。

3）成交洽谈类：《车辆配置表》《产品报价表》《精品装饰报价表》《车险投保试算表》《车辆信贷表》《竞品对比表》。

4）签约交车类：《车辆销售单》《销售合同书》《产品质保手册》《产品使用手册》《新车文件点交表》《客户回访登记表》。

以上共 4 大类 24 种表单，各店会根据管理需求相应增减。

销售团队所有成员都应做好的准备工作，见图 4-1。

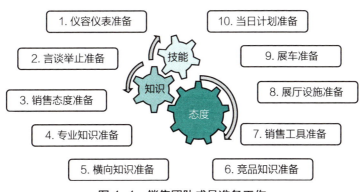

图 4-1　销售团队成员准备工作

2. 进店客户的分类

根据进店状况对客户进行客观分类，是确立接待方法，提高接待效率的需要。根据进店的形式，可分为：①预约来店，客户通过电话或网络咨询提前告知来店意图；②直接来店，客户未预约直接进入展厅。根据进店次数，可分为：①首次进店，需问清客户来店的目的；②二次及以上进店，可能是邀约前来，也可能是有明确目标自行前来。

3. 销售顾问的应对

1）针对通过电话或网络咨询的客户，销售顾问的应对原则见图 4-2。必须牢记的要点包括：①获取客户信息（姓名、电话、住址、现使用车辆、家庭有关信息），了解需求；②邀请客户来店（参观、试乘试驾、参加活动、面谈）；③尽可能不谈最终价格，留待客户来店时再谈；④客户信息要及

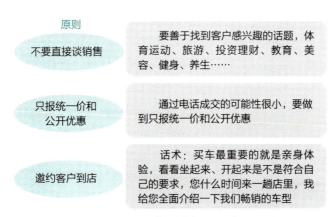

图 4-2　电话谈车三原则

时、准确地填入《客户来电登记表》(表4-4)。

2）首次来店客户。这类客户的主要疑虑有：①是否能得到诚实与公平的对待；②产品或服务是否能满足需求；③是否会支付比预期更多的钱；④是否会感受到压力和时间的紧迫性。销售顾问的应对原则有：①按规范接待，表现出尊重、温和的态度；②给客户宽松的选车看车环境，削弱客户的防范心理；③为客户提供多种产品和服务选择，并随时做好服务准备。要实现的效果是：①与客户建立良好关系，赢得客户信任；②获取客户信息，了解其购车需求，填写《客户来店登记表》(表4-5)。

3）二次来店客户，有两种可能的情况。第一种是首次来店留资的客户，经过销售顾问的跟踪和邀约（以店内有促销、新车上市、潜客体验日、车主讲堂等活动为由），再次来店，销售顾问可根据沟通进展，进一步确定其购车需求，及时推介产品方案，邀请试乘试驾，尽早引入签约；第二种是首次来店未留咨的客户，经过与亲朋协商/货比三家/深思熟虑，进一步明确需求和目标，再次来店，销售顾问应择机主导推进流程。

4. 展厅客户接待流程

展厅客户接待流程见图4-3，销售顾问要主动热情、礼貌专业，在开场

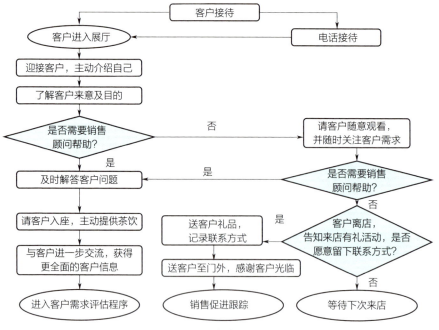

图4-3 展厅客户的接待流程

第 4 章　做好进店客户的接待与跟踪

表 4-4　客户来电登记表

登记日期　　年　月　日　登记人：

序号	客户姓名	联系电话	关注车型				来电目的			邀请来店	来店时间	备注
			A	B	C	D	询车价	了解店端情况	其他			
1												
2												
3												
4												
5												
…												

表 4-5　客户来店登记表

登记日期　　年　月　日　登记人：

序号	客户姓名	人数	来店性质		联系电话	接待顾问	进店时间	离店时间	关注车型				来店渠道						
			首访	再访					A	B	C	D	报刊	电视	广播	网络	介绍	维修站	路过	其他
1																				
2																				
3																				
4																				
5																				
…																				

白和自我介绍后，首先了解客户需求，然后根据客户意愿做好安排，或给客户宽松空间让其自由赏车选车，或在客户示意下适时提供服务，促进流程推进。

4.2 开场白的作用与技巧

开场白的良莠，影响着客户能否对你建立正面评价，以及后续销售工作能否顺利展开。

1. 什么时机说开场白

首先要明确的是，开场白与"欢迎辞"是有本质区别的。我们看到客户进入展厅时所说的"您好，欢迎光临！"一类的欢迎辞，要实现两个目的，一是对客户表示尊重和欢迎，二是提示其他销售顾问注意。在大部分经销店，在展厅迎宾台值班的专员（前台）或销售顾问，有可能直接接待进店客户，也有可能只负责做来客登记，然后指派当班销售顾问来接待，一声"欢迎光临"，等于向销售顾问传达了"有客进店，准备接待"的信息，当班顾问要立即调整好妆容和情绪。

而开场白，是围绕进店客户要做的事、要达成的目标而说的"铺垫语"或"导引语"。好的开场白，有助于消除陌生感、活跃气氛、减少客户疑虑、缩短销售进程。但开场白怎么说、什么时候说，却是每个销售顾问颇为关心、比较费心的问题。

说开场白的时机很重要，既可以在说完"欢迎辞"后带出，也可以在引导客户到达客休区或展车旁时再说，要根据客户意愿、现场氛围来确定。

2. 开场白追求的效果

具体而言，开场白是与客户见面后 1~2 分钟内要说的话。世界权威推销专家戈德曼说，在面对面的销售中，说好第一句话十分重要。大多数客户听第一句话往往要比听以后的话认真得多，他们会根据你在开启话题后短时间内的表现，在心理上决定是尽快离你而去，还是继续听你说下去。

好的开场白甚至意味着销售已经成功了一半。实际工作中，销售顾问可以尝试首先唤起客户的好奇心，引起客户的注意和兴趣，然后循序渐进地讲出所推荐的产品与客户需求的契合点，进而迅速转入促交阶段。好奇心是所有人类行为动机中最有力的一种，唤起好奇心的具体办法灵活多样，要尽量做到自然恰当、不留痕迹。

开场白的设计，要力求达到使客户放松、激发客户好奇心和兴趣、告知客户利益、提出议程等目的。常用的开场白通常包括以下部分：

① 对客户能来店面谈表示欢迎、感谢（快速拉近双方距离）。

② 有特色的自我介绍（让客户记住你）。

③ 询问客户来店目的（关联客户利益）。

④ 挖掘客户需求（先巧用提问，再倾听分析）。

综上，开场白 = 欢迎问候 + 自我介绍 + 询问来店目的 + 挖掘需求。

说好开场白的难点是激发客户的好奇心和兴趣。实践表明，大多数客户在产生购车意向之初比较注重的因素有：款型、性能、配置、安全性、舒适性、颜色、油耗/电耗、价格，以及品牌、经销商、服务人员、售后服务政策等。紧紧抓住客户关心的因素和客户追求的利益，你的开场白就能成功吸引客户。

3. 开场白的设计技巧

【案例1】您好！欢迎您到店！我是销售顾问××，您可以叫我小×，请问您怎么称呼？您来店主要是……？

【案例2】您好！欢迎光临！我是销售顾问××，因为我……，所以大家都叫我××，请问您怎么称呼？是第一次来我们店吗？

【案例3】先生/女士您好！欢迎您光临××店，我是销售顾问××，您可以叫我小×，这是我的名片。请问您怎么称呼？您来我们店是先看看，还是已经有心仪/选好的车型了？买车是件大事，多看看多比较是必须的。买不买车都没关系，我们会努力为您提供满意的服务，您是先随意看一下，还是到休息区喝杯茶看看资料？或者我给您大概介绍一下？

上面三个案例中，前两个都是在首先做自我介绍的基础上，顺势询问客户的进店目的。案例1与案例2的自我介绍略有不同，案例1的自我介绍比较直白，可能是大部分人惯用的，而案例2的自我介绍有意突出了"个人特征"，有助于加深客户印象，这在与客户的初次见面中十分有效。对于大部分客户，特别是有过购车经历或至少逛过汽车展厅的客户，自我介绍后顺势询问来店目的,不会引起反感,这种"直奔主题"的方式能避免浪费时间,凸显对客户利益的关注。

再看案例3,可以做四个层面的解析。首先向客户表明身份,接着通过表达"购车应该慎重"的意思,初步尝试与客户建立共情,然后通过表达"买不买车都会提供优质服务"的意思,尝试消除客户的戒备感和抵触感,最后表达出尊重客户选择的意思,并随时准备提供服务。这样的开场白可以达成以下目的:

① 使客户感受到"被服务",拉近距离、减少戒备,无论客户下一步做出什么选择,其实都在你已经安排好的"路径"上,完全可以自然地将客户引入销售情境中,根据客户的需求提供令他们满意的服务。

② 选择题在考试中通常比较受欢迎。客户在面对你时当然也更愿意做"选择题",而不喜欢"您有什么需要帮助的吗?"这类"简答题",他们更希望你能直奔他们所关心的实质问题,并给予明确的帮助。

4.3 怎样赢得客户的好感?

迎客进店是销售的第一步,也是你赢得客户好感的关键机会,见图4-4。

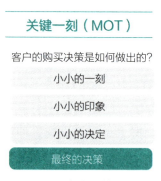

图4-4 客户决策的形成

1. 经销店的硬件

物质产品可以展示,无形服务如何展示?这是每一位汽车经销店员工都要认真思考并关注的问题。汽车经销店展厅有哪些硬件?这些硬件应当处于什么状态？硬件管理线索见表 4-6。

表 4-6　汽车经销店展厅硬件管理线索

店外设施环境	店内设施氛围
—设施整体无破损，整洁，有人负责，定期维护 —出入口方便、醒目、易找，有明显的地面标识或指示牌 —院内地面平整干净，停车方便，指示牌醒目 —进入院内，有人指引、协助停车 —店面 LOGO、品牌 LOGO 及其他广告牌，整洁无破损 —有契合环境氛围的照明设施	—车辆展示区，车辆合理摆放，主次分明 —业务洽谈区，资料齐备，桌面、地面整洁无杂物 —客户休息区，座椅舒适，提供饮料、书报、影音设备等 —卫生间，标识醒目，有人负责，保持清洁 —绿色植物，无枯萎，与展厅、车型匹配，定期维护 —背景音乐，温馨舒缓，音量不影响交谈

展厅、展车，既是经销店经营项目展示的核心元素，也是客户了解经销店、了解汽车产品的"窗口"。聪明的销售顾问一定会感悟到：展厅是职业生涯的舞台，展车是开启业务的工具，作为经销店的一员，我必须为管理好它们尽一份力！

2. 销售顾问的专业服务

销售顾问走进展厅，就如同战士上了战场，要让自己处于高度兴奋、精神饱满的状态。养成每天提前 20 分钟到店的习惯，除了做好相关准备工作外，还要调整情绪，把自己最好的一面展现给客户。在展厅接待客户时，销售顾问要遵循表 4-7 所示的工作原则。

表 4-7　展厅客户接待的 10 要 10 不要

接待客户要做到的 10 件事	接待客户不要做的 10 件事
√ 主动热情 √ 重视并尊重每一位客户 √ 保持微笑 √ 认真倾听，耐心解答 √ 给客户自由空间 √ 注重个人仪容仪表 √ 迎合客户的性格、行为特征 √ 像对待朋友一样对待客户 √ 尽力留下每一位客户的有效信息 √ 向每一位客户呈递名片，让对方记住自己	× 挑拣客户 × 带着情绪工作 × 在展厅高声喧哗 × 在展厅吸烟 × 身体斜倚 / 脚蹬展车 × 在展厅内用餐 × 接待处无人值班 × 客户较少时扎堆聊天 × 手端水杯到处走动 × 无精打采站坐 / 双手叉腰或插裤袋

3. 客户关系的破冰方法

你在一家餐馆就餐时，点了10道菜，有9道色香味俱全，但有1道里面发现了头发，你大概率会对这家餐馆持负面评价，甚至永远不会再来。

所谓"一着不慎，满盘皆输"，客户接待更是如此。既使你在自身形象、接待礼仪、自我介绍上都"发挥完美"，如果不能与客户建立更进一步的融洽关系，依然无法引导客户进入促交流程。

首先，请你想一想，你愿意和以下这些人相处吗？

① 和你有人脉交集的人。
② 愿意设身处地为你着想的人。
③ 总是赞扬你的人。
④ 和你有共同兴趣爱好的人。
⑤ 和你有相似生活背景或经历的人。
⑥ 总是示弱的人。
⑦ 总能给你带来新观念、新知识、新想法的人。
⑧ 在行为习惯和价值观上和你相近的人。

大多数客户是初次进店，进入一个完全陌生的环境，还要和销售顾问这样一个陌生的人交谈，他们内心深处或多或少都会有所顾虑。此时此刻，你是否可以通过以下这些话题来"破冰"呢？

① 很高兴为您服务，您今天是第一次来店吗？
② 今天天挺热的，您要不要先喝杯冷饮，落落汗再看车？
③ 您的车牌号一定是特选的吧！
④ 您停车的技术真棒，一看就是老司机！
⑤ 您的车保养得真不错，怎么看也不像是用了 × 年的！
⑥ 您家的小宝贝真可爱，今年几岁啦？
⑦ 您说话真幽默，和您聊天太开心啦！
⑧ 您真是行家，见解绝对超出一般客户！
⑨ 您来得真是太巧了，我们店正好在做促销活动。
⑩ 我真羡慕您啊，这么年轻就事业有成！

实践表明，外表有吸引力且言行专业、寻找与客户的共同点、在相处中甘于示弱、创造积极的接待氛围和环境，是赢得客户好感的四大秘诀。

4.4 不同客户的接待方法

进店的客户虽然都是来"看车"的,但购车需求有"真"有"假"、有"急"有"缓"。销售顾问先要准确判断客户是"想要"还是"需要",再有针对性地开展后续工作。

图 4-5 所示为客户对汽车产品"想要"和"需要"的区别(判断方法)。销售顾问可以根据客户的实际情况,采用相应方法,确保真正有"需要"的客户尽快购买到称心如意的车,努力使只是"想要"汽车产品的客户转化成真正"需要"汽车产品的客户。

图 4-5 想要与需要的区别

接下来,可以根据 MAN 法则对客户做进一步分类,以明确应对策略,见表 4-8。

1) M(金钱/购买力):评估潜客的第一要素,没有购买力,一切都无从谈起。不要只看"外表"下结论,要根据客户的住所、职业、收入、选车同伴等情况,综合判断其购买力,进而推荐合适的产品。需要注意的是,还要根据客户的购买力推荐不同的金融方案,在满足客户需求的同时,力争提高盈利水平。

2) A(信心/决策权):评估潜客的第二要素,不搞清谁是决策人,所有建议和策略可能都是徒劳。对于家庭类客户,首购的情况下,决策权大多由男主人或子女掌握,增购的情况下,决策权可能由女主人掌握;对于企业/机构类客户,决策权大多由主管领导掌握,少数由办事人员掌握。

3) N(购车需求):评估潜客的第三要素,需求是可以挖掘、创造的,优秀的销售顾问会让没有需求的客户产生需求,并进一步引导客户的需求,让客户的需求与自己想卖的车相匹配,而不是被客户的需求左右。

表 4-8 客户接待的 MAN 法则

序号	类型	接待技巧	序号	类型	接待技巧
1	M+A+N	理想客户，狂轰滥炸、必须拿下	5	m+a+N	先明确决策人，再长期跟踪培养
2	M+A+n	帮客户挖掘、创造需求	6	m+A+n	长期跟踪培养，伺机而动
3	M+a+N	明确谁是真正的购车决策人	7	M+a+n	先明确决策人，再长期跟踪培养，掌握需求变化
4	m+A+N	推荐合适的金融方案	8	m+a+n	放弃

注：M 代表有购买力，A 代表有决策权，N 代表有购车需求；m 代表没有购买力，a 代表没有决策权，n 代表没有购车需求。

下面我们根据客户的进店表现来分类和梳理应对策略，见图 4-6。

最后我们根据客户的年龄、专业水平、性情、诉求等来分类和梳理应对技巧，见表 4-9。

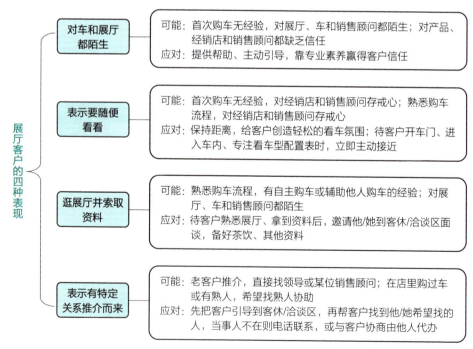

图 4-6 不同表现的客户的应对策略

表 4-9 不同客户的应对技巧

客户类型	应对技巧	客户类型	应对技巧
有专业知识的中年客户	礼貌谦恭,耐心倾听,避免说教	有很多要求的客户	礼貌自信,及时回应
普通的年轻客户	亲切热情,积极寻找共同话题	不容易接近的客户	心平气和,耐心沟通
带有不安感的年长客户	热情耐心,主动帮扶	例行公事的客户	厘清事项,及时推进

综上,客户的不同特征、不同表现正是对销售顾问的观察能力、判断能力、应变能力的挑战和检验。如果你是新手,可能会有暂时的困难,但只要你有信心、有恒心,肯于虚心向前辈学习,勤于总结反思和实践锤炼,就一定能达到游刃有余的状态。

4.5 怎样主导话题?

汽车销售顾问在了解来店客户的主要意图后,最好能主导接下来的谈话,把握谈话的方向和内容,让客户跟着你的思路、按照你的预想作出反应,这样能极大提高接待效率。

1. 主导话题的要素和原则

所谓主导话题,就是引导谈话的方向,通过真诚的铺垫、合理的迎合、自然的打岔,让客户在兴趣和疑问的引导下,跟着你的话题走,见图 4-7。在客户不断询问产品特点或技术细节时,不断用竞品与你销售的产品做对比时,不断追问优惠条件时,都可以运用技巧来主导话题,向有利于成交的方向推进。

图 4-7 主导话题的要素

主导话题的基本原则是张弛有度，就像放风筝一样，根据风向和风速，一会儿松一会儿紧。如果急功近利，就可能前功尽弃。在主导话题的过程中，要多使用反问、设问、追问的方式，这样就能自然而然地引导客户进入你预设的情境中。

主导话题的前提是做好铺垫，而共情和赞扬往往就是最好的铺垫，有了这层铺垫，客户就会消除戒备，更愿意"接受"你的引导，甚至可能由"理性思考"转入"感性思考"，这就更有利于你开展促交工作。比如你可以这样打开话题："我这人性子直，有什么说什么，我看您跟我特投脾气，干事儿也是干脆利落……"这样既共情又赞扬一番，潜台词就是"客户做事果断"，先把客户"捧"上去，再接着说："您看没其他问题的话，我就拿合同来咱们把车订了。"客户接受了赞扬，就很难再拒绝。当然，无论共情还是赞扬，都要适可而止，不能浮夸和牵强附会，比如客户的容貌明明观感一般，你却非要谄媚地说："您长得真是帅呆了！"这就很可能适得其反，让对方觉得你是在拿他/她开玩笑。正确的做法是避免谈客户的容貌（缺陷），寻找客户身上的真实亮点，比如可以夸他/她气质好、脸色好、穿衣打扮有品位等。

实际交谈中，客户说到某些得意之处难免"跑题"或"滔滔不绝"，你也经常会遇到不好回答或不便回答的问题，这时就要伺机、及时通过承上启下的"打岔"，把客户带回主题或引导到你想谈的主题上。比如，遇到客户夸夸其谈时，可以这样说："跟您聊天真痛快，不用我多说，一点就透。我们卖车啊，就喜欢跟您这样又有主见又幽默的老板打交道！您看要是没其他问题的话，我就把合同拿来，咱们先把车订下来怎么样？"

合理的迎合其实是为扭转客户的观点或打消客户的疑虑埋伏笔，比如客户说："同样的车型，人家报价是××，你们家比人家高了××，再优惠点儿呗，优惠点儿我就下订！"这时你可以说："您说的确实是实情，我也理解您的顾虑，但您知道为什么他们家报价低吗？为什么好多客户宁愿多花点儿钱也愿意在我们家买？我给您算笔账您就都明白了……"如此一来，既迎合了客户的话题，又非常自然地话锋一转，转向了对自己有利的方向。迎合的目的是让客户感受到尊重和认同，这样你才可能有机会展开自己的论述、表达自己的观点，得出有利于自己的结论。

2. 怎样开启话题？

想成功主导话题，就要把握开启话题的时机，说好第一句话。客户有以下三种行为表现时，是你开启话题的理想时机：①打开展车车门或靠近展车看车内时；②专注于车型配置单或价格表时；③以目光或动作示意寻找服务人员时。把握住这三类时机，主动接近客户，再说出适宜的第一句话，你就向成功销售迈进了一大步。

— 当客户打开展车车门或靠近展车看车内时

你可以说："先生，您是提前做了功课吧？我看您一进门就直奔这款车，您真有眼光，这款车性价比挺高的，卖得相当不错。"

客户听过你这番话后，很可能会想：这款车的性价比为什么高？这款车适合我吗？这就给了你进一步介绍产品和引导客户试乘试驾的机会。

— 当客户专注于车型配置单或价格表时

你可以说："先生，您对这款车的哪些配置感兴趣？要不您到休息区坐一下，喝杯茶，我给您拿张配置表，然后详细介绍一下？"

如果客户同意到休息区听你介绍，你可以拿出配置表先让客户浏览一会儿，耐心等待客户提出问题，如果客户长时间不与你交流，你可以再次从询问客户对什么配置感兴趣入手，开启话题。

— 当客户以目光或动作示意寻找服务人员时

你可以说："先生您真有眼光，您看的这款车在这个车系里配置最合理。我们对××位客户做过一个调研，总结了几个特别有代表性的需求问题，您方便的话，听听这几个问题，肯定对您选车有帮助。"

客户听过你这番话后，很可能对你所说的调研问题感兴趣，这时你就可以把事先精心准备好的问题一一抛出，通过客户的回答快速、准确地了解他/她的需求，进而引导客户进入试乘试驾等环节。

3. 主导话题的技巧

营销和销售行为专家孙路弘在《说话就是生产力》一书中介绍，主导话题有三种技巧：第一，任何事尝试用三点来说；第二，引用公认的权威资料；第三，超越眼前的话题本身，上升到更宏观的层面上。

作为销售顾问，"这车多少钱？"也许是你在展厅里听客户问的最多的一个问题。你心里肯定清楚什么档次的车对应什么购买力的客户，那么你会怎么回答？

"您好，我们这款车是 38 万，如果现在下订而且付全款的话，有 9 折优惠，您想要哪个颜色？什么配置？"如果你这样回答，客户大概率会说："谢谢，我再看看。"

如果你换一种方式："您真有眼光，这车是最新款，而且配置相当实用，虽然车价不算低，要 38 万，但正好有现车，如果现在下订而且付全款，还能有 9 折优惠。"这种情况下，客户可能会有两种心理活动，其一是"不算贵呀，还有现车和优惠，细聊聊。"其二是"确实挺贵，不过有现车和优惠，可以考虑，再聊聊"。无论如何，你都有机会继续向他介绍这款车的卖点，解释售价高的理由。

这里使用的其实是"制约技巧"，抢先说出对方可能认同的结论。上面提到的这款售价 38 万元的车，一般人可能认为卖 20 万~30 万元比较合适。如果你能做出这个预测，在回答询价客户时抢先表达出"定价确实不低"的意思，那么你就有可能获得他/她的认同，进而获得进一步交谈的机会。

一般而言，主导话题最实用的技巧是"先概说再细表"，比如一款车的核心卖点有三个，你想向客户表达它性价比高，不要上来就把三个卖点平铺直叙地讲出来，正确的做法是先给出"性价比高"的结论，然后点明有三个核心卖点支撑这个结论，最后引导着客户向他/她一一解释每个卖点。如此一来，客户就会有兴趣跟着你的思路走，并且逐步判断你所说的"性价比高"是不是有道理。如果他/她认可了"性价比高"的结论，你就有了促交的机会。

总之，主导话题的根本目的，是通过引导对方的情绪与意愿，促使对方采取符合你预期的行动。实际工作中，要依据客户特点和现场情境，筛选和组织要表达的内容，合情合理地运用语言、语气和表情上的表达技巧。一旦掌握了主导话题的技巧，与客户的沟通就会变得轻松愉快。

4.6 怎样让客户配合留资？

大多数人首次购车时往往会经历较长时间的筛选、比较、商议和权衡过程，很少有人第一次进店看车就决定购买。在购车的过程中，人的想法是很容易受外界因素影响改变的。因此，你在接待客户时，决不能认为客户没下订离店，就意味着销售已经结束了，恰恰相反，这时销售可能才刚刚开始。

"销售不跟踪，到头一场空"是近些年在汽车行业里流行的一句话。

据美国专业营销人员协会和国家销售执行协会统计：2% 的销售是在第 1 次接洽后完成的，3% 的销售是在第 1 次跟进后完成的，5% 的销售是在第 2 次跟进后完成的，10% 的销售是在第 3 次跟进后完成的，80% 的销售是在第 4~11 次跟进后完成的。近几年国内的汽车行业数据统计表明，客户 1 次进店成交率为 5.6%，2 次邀约进店成交率为 3.4%，3~4 次邀约进店成交率为 91%。

以上统计表明，保持与客户的联络和沟通、及时掌握客户的需求变化，是成功销售和提升业绩的重要途径。同时可知，成交量是与客户回店量（率）成正比的，因此跟踪是销售工作的关键。

做好跟踪的前提是要设法留下客户的有效信息，你在与客户并不熟悉、彼此尚缺乏信任的情况下，怎样才能做好留资工作呢？不妨注意把握以下机会。

1）客户刚进入展厅时（针对初次来店客户）：在主动迎接问好、自我介绍并递上名片后，可以酌情恳请客户交换名片或询问客户的姓氏和电话。

2）客户刚坐下时：可以立即拿出留资本恳请客户填写，注意留资本上一定要有其他客户留下的信息，这样就会对客户形成心理暗示：一是其他客户都留了，我不留可能不合适；二是我如果不留，可能就没有机会往下谈。

3）客户作出购买承诺时：当客户为探明底价而向你作出购买承诺时，应当故作怀疑态，比如可以说："您今天真能定下来吗？"通常，客户为达成目的必然会给出肯定的回答，此时你就可以接着说："既然您能定下来，那就先留个电话号码，我先确认电话号码是不是真的，如果电话号码都不是真的，那您肯定是在骗我。"激将法，往往很有效。

4）客户询问优惠政策时：可以假装说暂时没有优惠或当下优惠力度较小，要过一段时间或到某日才有大促让利，顺势恳请客户留资，并承诺临近大促让利时通知客户。

5）本店有来店有礼或抽奖活动时：在告知客户店里有此类活动后，一定要强调领取礼品或参与抽奖的条件是留资，大多数客户出于"占便宜"的心理都会积极配合。

6）客户试乘试驾时：无论是你邀请客户试乘试驾，还是客户主动要求试乘试驾，都可以在做登记时顺其自然地促使客户留资。

7）为客户写报价单时：能进入写报价单的阶段，说明客户已经对你有了一定的信任感，而且希望进一步洽谈，因此一般不会拒绝留资。

8）送别客户时：如果你在接待过程中使尽浑身解数，客户都不愿留下个人信息，那么可以尝试在送别环节打一下"悲情牌"，比如说："先生您就留个电话吧，我们有什么优惠活动，我肯定第一时间通知您。您放心，我不会随便打电话打扰您，您要是不留个电话，我们领导会觉得我工作没做好，月底考核会罚我的。您看，我们做销售的也挺不容易，您就留个电话呗。"客户心一软，可能就会留下联系方式。销售顾问展厅接待考核表见表4-10。

表4-10 销售顾问展厅接待考核表

客户姓名		性　　别		联系电话	
访问时间		离店时间		接待顾问	
1.您对店内展厅的环境卫生状况及氛围的感觉是：□很好　□较好　□一般　□差 A.（如果上题选择一般或差，则转向本题）您认为展厅哪方面有待提高： 　　□环境卫生　　□布置陈设　　□员工仪表仪容　　□其他					
2.您进入展厅时，本店员工是否主动问候：　　□是　　□否					
3.销售顾问的服务态度：　　□很好　　□较好　　□一般　　□差					
4.销售顾问的业务熟练程度：　　□很好　　□较好　　□一般　　□差 B.（如果上题选择一般或差，则转向本题）您认为销售顾问哪方面有待提高： 　　□产品知识　　□购车流程　　□保险或分期　　□其他					
展厅经理批示					

销售线索的获取与利用，是经销店销售流程的关键环节，也是销售顾问在客户接待环节要关注的核心事项。如果你与客户的接触时间超过15分钟，却没能成功说服客户留下联系方式，就说明你的工作存在缺陷。行业实践表明，对任何品牌而言，集客能力都是与销量成正比的。

4.7 离店恭送与联络跟进

1. 怎样恭送客户离店?

首先,作为销售顾问必须建立一种基本认知,即客户离店不是销售的结束,而是销售的开始。恭送的目的是让客户产生"意犹未尽"之感,为后续的跟踪和销售打下基础。实际工作中要注意以下几点:

① 表情状态与欢迎客户进店时一致。
② 诚挚感谢客户来店。
③ 向客户赠送产品资料(如果此前未递送名片则此时与资料一起递送)。
④ 邀请客户参加近期店内的促销活动。
⑤ 坦诚恳请客户认真考虑购买建议。
⑥ 向客户承诺随时提供购车用车相关咨询服务。
⑦ 道别言行得体,如果客户驾车则送至车门处。
⑧ 如果客户尚未留资则再次恳请其留资,并恳请其在接受回访时给予好评。

在注意以上要点的同时,还要思考以下问题:

① 客户此次为什么没有做出购买决策?
② 客户还可能回店吗?
③ 为使客户回店我能做些什么?

2. 客户离店后要做什么?

客户离店后不要马上松懈,此时要"趁热打铁",把接待洽谈过程中收集的客户信息及时、完整地填入《客户管理卡》(表4-11),为客户建立购车档案。

客户资料如果不能有效利用,前序接待工作就都等于做无用功。对销售顾问而言,最忌讳的是把客户留资和跟踪工作当成"应付差事",只知道按部就班地填表格,不用心分类整理和分析,只有到销售经理布置跟踪电话任务时,才想起手里还有很多客户资料。如此一来,即使按要求打了回访电话,也很难为客户提供有价值的信息,遭遇客户冷待就成了家常便饭,工作只会越干越灰心。

作为销售顾问,必须要养成及时对客户资料进行分类整理和分析的工作

表 4-11 客户管理卡

客户姓名		联系电话		进店日期		方便联系时段	□平时 □周末 □上午 □下午	留档渠道	□电话 □进店 □外拓 □分配 □朋友推荐 □车主再购
客户地址									
客户类别	□个人 □单位 □单位名称					具体时间：		用车时间	□1周内 □2周内 □1个月内 □3个月内 □3个月外
意向车型		对比车型				购买预算		资金情况	□已到位 □未到位 □分期 □置换
客户关注点									
客户异议点								信息来源	□车展 □巡（定）展 □网络 □报刊 □其他 □路过 □老客户推荐 □其他
其他描述								媒体名称： 活动名称：	
日期	接触方式	接触目标			接触过程及结果				
		□车价 □议价 □邀约 □答疑 □试驾 □其他							
		□车价 □议价 □邀约 □答疑 □试驾 □其他							
		□车价 □议价 □邀约 □答疑 □试驾 □其他							
销售经理意见									

注：《客户管理卡》的作用包括养成有条理的工作习惯，使跟进工作更有针对性；便于对客户进行分级管理，让跟进计划有依据；避免不同客户的资料和需求混淆；便于随时了解客户需求变化，掌控进程，及时跟进。

习惯,当你在电话中把客户的需求或嘱托一字不差地复述出来时,客户一定会"大受震撼",他/她感受到被关注、被尊重后,就会发自内心地愿意与你进一步交流。

3. 开展跟进工作前要做哪些准备?

"当下,一些车企和数据服务商已经意识到,未来,汽车产品将不再是车企的主要赢利点,其所搭载的服务以及用户的数据信息,才是汽车生态链中的焦点"。汽车销售已经进入信息时代,这是行业共识,谁能在客户信息的利用上进一步精耕细作,谁就会在未来的销售竞赛中胜出。具体到日常工作上,80%的销售顾问在完成第一次跟进后就懈于再次跟进,而持续跟进就像跑马拉松,谁更能坚持,谁就有更多的机会赢得客户的心。

要使跟进工作有成效,正确的策略是必不可少的:

① 熟悉跟进工作的流程和要点,见图4-8。

② 每次跟进前熟悉客户情况,设定跟进目标。

图4-8　客户跟进工作的流程和要点

③找好跟进"借口",设计符合客户特征的跟进方式和话术。

④注意两次跟进之间的时间间隔,以不少于两周、不超过三周为宜,过短会使客户厌烦、过长易忘。

⑤每次跟进要以了解客户需求或需求变化为切入点,切不可表露出急于促交的态度。

⑥尝试询问客户最近的工作、生活状况,表示愿意提供力所能及的帮助,以加深关系。

电话跟进是销售顾问日常用得最多且效果最直观的客户跟进方式,想取得满意效果,避免频繁遭遇客户冷待,就要注意以下问题:

①制订目标,例如了解客户离店后是否关注过其他品牌/车型、到访过其他门店。

②以促交为内核策划问题。

③设计客户的关注点,明确与之对应的、能给到客户的利益。

④预测客户提出的问题,准备好应答话术和内容。

⑤提前准备好可能用到的产品资料和客户信息。

电话跟进工作与进店接待工作一样,要事先设计吸引客户的话术,争取主导话题,另外注意要选择合适的时机并控制时长,见表4-12。

表4-12 跟踪电话的流程和注意事项

序号	顺序	基本用语	注意事项
1	准备		确认客户的基本信息,确定通话目的,确定要讲的内容和话术,准备有关资料
2	问候,告知客户自己的姓名	您好!我是××店的销售顾问××	吐字清晰,情绪自然
3	确认对象	请问您是××先生/女士吗?	
4	对话内容	"给您打电话是想向您了解一下……""……最近有什么进展?""对于……您考虑得怎么样?"	对时间、地点、数字或某事进展等细节进行确认,最后进行总结和强调
5	结束语	"打扰了,谢谢您!""麻烦您了!""拜托您了!"	语气诚恳,态度温和
6	挂断电话		一定要等待对方先挂断电话

4. 常遇问题如何改善？

表 4-13 和表 4-14 总结了客户跟踪中经常遇到的问题及应对方法。

表 4-13　客户跟踪常见问题

问题	分析
跟踪不及时或时机不合适	通常，应当在客户离店后的 24 小时内做第一次跟踪，然后根据客户的级别设定此后的跟踪频率
跟踪内容缺乏针对性	跟踪内容无外乎品牌活动、促销活动、新车上市活动等，如果对客户背景信息掌握不足，且话题话术准备不足，则必然导致针对性不强，很难让客户感兴趣
从第三、四次跟踪开始敷衍	相关调研发现，80% 的客户信息跟踪记录到第三、四次时就开始敷衍甚至缺失，或跟踪间隔时间过长
记录和接口没做好	对回访中客户的态度、级别变化等记录不清，导致无法合理估计下次跟踪时间并准备跟踪理由
抵触给客户打电话	由于缺乏信心和技巧，导致客户态度冷淡，甚至被客户"拉黑"，进而对电话跟进产生抵触情绪，陷入恶性循环

表 4-14　跟踪问题改善方法

方法	分析
客户离店时做铺垫	恭送客户离店时不要忘记多啰嗦几句："今天和您聊天真长了不少见识，买车是件大事，多比较、多商量是必须的。您看什么时间方便，我给您打电话咱们再沟通一下进展，有什么问题您随时找我。"
通话之前做准备	客户基本信息、谈话的主要目的/内容/话术、客户的疑虑及处理方法、邀约再次沟通的理由等。此外，还要充分考虑客户不方便接听时的应对话术，为再次致电做好铺垫
抛出客户关切的话题	让跟进工作不至于难以开展的基本思路是抛出客户关切的话题，或者是能吸引客户的话题，比如降价促销活动、购车有礼活动、质保/售后/保险活动、新车上市体验活动等
明确约束条件	比如报价在 × 月 × 日前有效、促销活动限定在 × 月 × 日到 × 月 × 日等
让客户做出承诺	比如告知客户活动名额只有 ×× 个，机会难得，促使客户承诺到店
给自己留余地	每次邀约，无论成功与否，都不要把话说得太绝对。客户议价时不要被动陷入纠缠状态，要告知到店商谈才能明确底价
勤筛选、善放弃	有些客户不会马上做出购车决策，对此要适当延长跟踪时间，方式也要相应调整。对于实在没有意向或意向已经明确变化的客户，要及时筛出并作"休眠"处理，日后再寻机激活

4.8 不同级别客户的跟踪方法

为什么要对客户进行级别划分？因为不同级别的客户会产生不同的需求、带来不同的价值。客户分级是有效开展客户沟通的前提，对意向客户的级别判定决定了成交的第一步该怎么走。

客户分级及含义：

O 级表示客户已交定金，已签合同，为成交客户。

H 级表示客户准备在 7 天内购车。

A 级表示客户准备在半个月内购车。

B 级表示客户准备在 1 个月内购车。

C 级表示客户准备在 3 个月内购车。

D 级表示客户大概率只是随便看看，没有强烈的购车欲望或明确的购车计划，或者说没有到付诸行动的阶段。

1. H 级客户的跟踪

H 级客户是成交意向非常明确的客户，销售顾问必须每天盯着、想着，时时思考怎样才能把他／她"拿"下。针对 H 级客户，话术不必拐弯抹角，除非你故意要避开客户的"锋芒"，最好直奔主题，哪怕直接谈价格也没关系，客户关切什么就谈什么，当然商务礼节还是必不可少的。

需要注意的是，这里说的"直接谈价格"并不是说直接在电话里谈，还是要邀约客户到店面谈，而且谈之前你必须摸清客户的需求和心理障碍（指在几个品牌车型间犹豫），说服他／她排除掉竞品，让他／她只认可你的产品，这样他／她才可能安心地与你谈价格。价格谈判的技巧，首先在于耐心，除非客户认准了你的产品而且是急性子、暴脾气，否则永远不要上来就把价格一放到底。客户有时也会"将你的军"，甩下一句"不买了"掉头就走，这时你一定要"松松线"，用实打实的利益先把客户稳住，然后再"闪转腾挪"。总之，应对 H 级客户的大原则就是绝不能拖延懈怠，要么成交，要么战败。

2. A 级客户的跟踪

对于 A 级客户，一定要邀约进店或者上门拜访，只有见面才有机会展开后续工作。有时针对 A 级客户可以使用"逼单"的方法，但必须拿捏好尺度，不然很容易引起客户反感。

此外，还要注意"守住价格"，不要把价格放得太快或轻易就放，否则客户转到 H 级后你就会缺少谈判筹码，处处被动，要么丢掉利润，要么丢掉客户。

客户在 A 级阶段时，你的主要工作是帮助他 / 她消除价格以外的一切顾虑，使他 / 她尽快转入 H 级。

3. B 级客户的跟踪

对于 B 级客户，重点要做好以下步骤：

①了解客户背景情况后，要以聊天为主，通过聊天进一步挖掘和明确客户的真实需求，不能急于向客户推荐产品。

②营造轻松的交流气氛，不要步步紧逼，否则很可能不欢而散。

③想方设法邀约客户来店，安排一次完美试驾。

④完成以上工作后，向客户推荐产品和金融方案。

4. C 级客户的跟踪

C 级客户的选购时间相对宽裕，顾虑相比高级别客户少一些。对于 C 级客户，应对原则与 B 级基本相同，要抓住机会充分了解他 / 她的需求，重点强化信任关系，电话沟通时切忌强势，要温和委婉地让他 / 她逐渐接受你的建议。

"逼单"的方法千万不能用在 C 级客户身上，否则很容易谈崩。关键是用社交手段夯实信任关系，有客户可能感兴趣的活动和信息时，一定及时知会客户，接触的频次越高，使客户转入更高级别的可能性就越大。

C 级客户通常是所有客户中规模最大的一级。作为销售顾问，如果你手头有更高级别的客户需要跟进，暂时不想在 C 级客户身上耗费过多时间和精力，也可以用一些技巧来"抽身"，比如"卡"着公司规定的"底线"，保持较低的跟进频次；刻意向主管抱怨目前的客户质量太差，为"转移精力"做铺垫，然后用战败和休眠来解决"战斗"。

5. D 级客户的跟踪

D 级客户可能是路过你们店进来闲逛，也可能是你在车展接待过他 / 她，他/她可能暂时对你的产品毫无兴趣，因此你完全没有必要在这个阶段向他/她推荐产品。对于 D 级客户，重要的是及时做好回访工作，而且回访的时间间隔可以稍微拉长一些。交流当中，像对待 C 级客户一样，关键是用对方感兴趣的话题和社交技巧强化关系。如此一来，即使 D 级客户自始至终就没打算买你的产品，但关系处好了，至少有可能帮你推荐别的买主。

针对 D 级客户，很多销售顾问都懒得在客户管理系统里做登记，这样能省去建档的工夫。只要一口咬定是二次进店，给个潜客姓名就能凑数，再不济说是售后保养客户也能蒙混过关。没有 D 级客户，展厅建档率就是 100%，接待时长符合率也是 100%，皆大欢喜。这是很多门店的常见处理方法。

潜客跟进管理这个问题，站在管理层的角度，永远是珍惜每一位客户，把握每一位客户，不放过任何一次销售机会，这当然没错。但这显然与一线执行层——销售顾问的真实诉求和绩效制度是冲突的、矛盾的。因此各个品牌、不同门店做了很多年、费了很大力也难有成效。根本问题出在哪儿呢？正常人，服从于自我利益的意愿，显然要比服从于任何权威和制度的意愿都强得多，执行起来也是自觉、轻松和愉悦的。让销售顾问的"自我利益"与门店的管理制度和绩效机制相匹配，真正激发出他们的工作热情，才是解决上述问题的正道。

第 5 章
快速厘清客户的真实需求

导 读

客户走进汽车经销店的期望是什么？期望销售顾问理解并重视自己的用车需求，进行有针对性的介绍和答疑，进而推荐适合自己的车型和购车方案。没有客户期望被销售顾问像做"调查问卷"一样盘问。

客户肯付出一定的时间甚至金钱成本来到经销店，往往源于他们对某些现状的"不满"，并且具有改变这些现状的愿望以及相应的能力。销售顾问的工作任务，就是对客户"不满的现状"进行深入剖析，挖掘问题，并把问题清晰化、条理化、严重化，让客户坚定改变的意愿，并且心甘情愿地为改变付出金钱成本。

优秀的销售顾问善于通过对客户的观察、询问和倾听，来了解客户的真实想法，让自己所说的每句话都击中客户心底最柔软的地方，进而引导挖掘出客户的真实需求，向客户提供最合适的解决方案。

5.1 客户进店的 n 个理由

通常，一位真正的潜在客户的购车理由无外乎以下几点：

1）没车的痛苦：工作通勤/假期出行不便、拓展业务/生意不便。

2）有车的痛苦：老车的性能和功能难以满足当下需求；老车性能恶化，使用不顺；老车频繁故障，维修成本激增；老车尾气不达标/使用年限超过15年，必须频繁上线验车，使用不便。

3）满足自尊心/虚荣心或社会身份认同感：对于没车的人，拥有一台车能展现自己的经济实力，可能获得他人的尊重和羡慕；对于有车的人，置换一台品牌档次/价格更高的车，能彰显自己的身份和社会地位，可能融入更高层次的社会圈层。

5.2 需求分析的内容与作用

对客户需求进行分析的目的，是明确判断客户的购车意向，进而准确推荐符合其需求的车型和购车方式。

从销售角度你不妨思考以下问题：

①每位准备购车的客户都能搞清自己的真实需求吗？他/她愿意把自己的需求告诉我吗？

②如果客户不主动说出自己的需求，我该使用怎样的方法获取？

③在我对客户的需求完全不了解的情况下，该怎样与客户进行良好沟通？

1. 什么是需求分析？

在 4S 店模式日渐式微的当下，我们必须向以客户为中心的顾问式销售模式转型，绝不能再守着做"一锤子买卖"的想法，把车卖出去就万事大吉，对客户不管不顾。所谓需求分析，就是运用专业知识帮助客户梳理、提炼、明确购车动机/用车需求，这不仅是对客户负责的体现，更是销售顾问职业素养的体现，是未来汽车经销商做大做强的基础保障。

开展需求分析前，要通过与客户的沟通尽可能翔实地了解以下信息：购车原因及用途、主要用车人及用车经历、使用频率和场合、心仪车型、了解过哪些车型、喜欢的配置、购车预算、购车时间、决策人、第几次来店、信息渠道、付款方式、职业/职务、联系方式、家庭住址等。

2. 需求分析的内容（表 5-1）

表 5-1　需求分析的内容

冰山理论	了解的方面	细心地观察	巧妙地提问	积极地倾听	执行的技巧
• 显性需求 • 隐性需求	• 安全性 • 动力与驾驶性 • 技术先进性 • 舒适性 • 经济性 • 性情兴趣	• 衣着 • 眼神 • 表情 • 行为 • 同伴 • 来店交通方式（驾车/乘车）	• 问题的类型 • 问题的内容 • 提问的顺序 • 提问的步骤	• 倾听的方法	• 通过显性需求挖掘隐性需求 • 掌握提问的方法 • 懂得倾听的方法 • 设定购买标准

（1）冰山理论

1）显性需求：客户自己知道且愿意说出来的需求，比如车辆的性能、配置、价格、油耗、交车周期等，通常不需要运用复杂的沟通和接待技巧就能获取。

2）隐性需求：客户自己知道但不愿说出来的需求，或客户自己不明确的需求，比如购车资金来源、虚荣攀比心理、能接受的价格底线等，通常需要利用一些沟通和接待技巧才能获取。

（2）了解的方面

1）安全性：车辆的主动安全和被动安全性能。

2）动力与驾驶性：车辆的动力表现和驾驶体验。

3）技术先进性：车辆采用的关键技术是否有领先性、独特性。

4）舒适性：行驶平顺性、隔音静谧性、功能实用与便利性。

5）经济性：油耗/电耗水平、性价比、维修便利性。

6）性情兴趣：性格特点、情绪特点、兴趣爱好。

（3）细心地观察

1）衣着：反映购买力、职业领域、修养品位。

2）眼神：反映意向、兴趣点。

3）表情：反映情绪、迫切程度。

4）行为：反映意向、兴趣点。

5）同伴：影响购车需求和决策。

6）来店交通方式：反映购买力、品牌/车型倾向、可能购车方式（置换/增购）等。

（4）巧妙地提问

1）问题的类型：

①开放式问题，类似于"简答题"，不能用简单的肯定词或否定词回答，适用于希望获取宽泛信息的情况，例如"您对哪款车感兴趣""您准备什么时间订车"。

②封闭式问题，类似于"判断题"，通常可以用简单的肯定词或否定词来回答，适合于希望获得结论性信息的情况，例如"您对这款车感兴趣吗""您现在能下订吗"。

2）问题的内容：5W1H

①是什么（What）：您最关注车辆的什么性能？对比的车型是什么？对什么配置感兴趣？

②是谁（Who）：您家买车主要是谁开？

③为什么（Why）：您买车主要是平常上下班开还是自驾游？

④什么地点（Where）：您买车主要是在市区用还是经常要跑长途？

⑤什么时间（When）：您打算什么时间订车？

⑥多少（How much）：您的购车预算大概是多少？

3）提问的顺序：见图 5-1。

4）提问的步骤：见表 5-2。

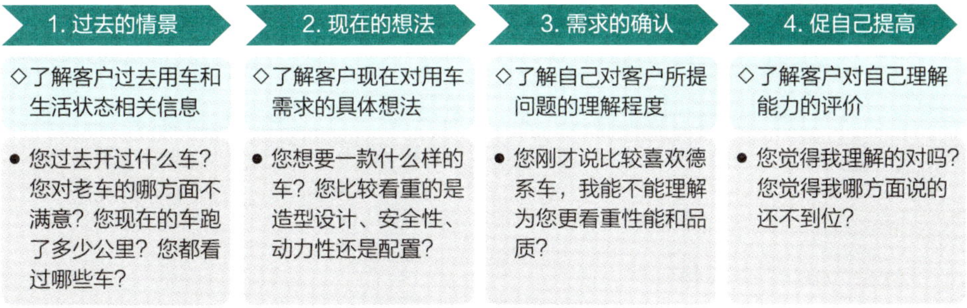

第5章 快速厘清客户的真实需求

1. 过去的情景	2. 现在的想法	3. 需求的确认	4. 促自己提高
◇了解客户过去用车和生活状态相关信息	◇了解客户现在对用车需求的具体想法	◇了解自己对客户所提问题的理解程度	◇了解客户对自己理解能力的评价
● 您过去开过什么车？您对老车的哪方面不满意？您现在的车跑了多少公里？您都看过哪些车？	● 您想要一款什么样的车？您比较看重的是造型设计、安全性、动力性还是配置？	● 您刚才说比较喜欢德系车，我能不能理解为您更看重性能和品质？	● 您觉得我理解的对吗？您觉得我哪方面说的还不到位？

图 5-1　提问的顺序

表 5-2　提问的步骤

序号	步骤	发生时间	主要目的	主题内容
1	一般性	过去	了解购买动机	用车背景与曾经接触过的车
2	辨别性	现在	了解购买需求	购车的具体需求
3	连续性	将来	了解购买标准	由需求细节联系产品卖点，再过渡到产品介绍

需求提问的常用话术：

① 您是第一次来我们店吗？
② 您住的地方离我们店远吗？过来方便吗？
③ 您之前/现在开的是什么车？
④ 您这次购车/换车预算大概是多少？
⑤ 您平时喜欢自驾游吗？
⑥ 您喜欢两厢车还是三厢车？
⑦ 您之前在其他店看过这款车吗？
⑧ 您身边的亲友有买过/正在开这款车的吗？
⑨ 您比较关注/在意这款车的哪些方面？
⑩ 除您自己外，还有其他人会开这台车吗？
⑪ 您从事的行业/职业是？

（5）积极地倾听

在帮助客户做需求分析时，一方面是"问"，另一方面就是"听"。"听"是有讲究的，你会不会听，自己可能没感觉，但客户肯定能感受到。如果你"听"得好，客户就会认为你尊重他/她；如果你"听"得不好，客户就会认为你不礼貌或能力差，不愿再和你进一步沟通。

这里所说的"听"有五个层次：第一层，听而不闻，也就是故意不听；第二层，心不在焉地听，换言之就是三心二意，多多少少听了一部分；第三层，有选择地听，与心不在焉不同，是故意只听一部分；第四层，专注地听，注意力完全集中在听上；第五层，积极倾听，相比专注地听更强调主动性。

积极倾听有什么特征呢？

① 身体倾向谈话者。

② 有目光交流。

③ 不打断谈话者的话。

④ 礼貌地在适宜的时机接过话题。

⑤ 有条件的情况下用纸笔记录谈话内容。

此外，为营造舒适愉悦的交流气氛，还要注意以下问题：

1）保持适当的谈话距离。距离多远才能使客户感到安全与舒适呢？通常而言，当客户的身体刚好完整地处于你的视野之中，即头部处于视野上限位置，脚部处于视野下限位置时，交谈距离是比较合适的。在双方不很熟悉的情况下，谈话距离过近会使对方自然地产生抵触心理。

2）注意交流技巧。无论客户所说的事情是否真实、观点是否合情合理，只要与购车没有直接关联，或不会产生冲突，你就没必要去否定或驳斥他/她。只要保持笑容，自然地随声附和或表示赞同，很快就会使客户放松下来，让他/她愿意进一步与你交流。

3）了解一些人际心理学知识。两个互相从未谋面的人，要达到能够互诉衷肠的熟络程度，最少需要多久呢？有机构调研的结果是一个月。因此，想要在客户初次来店时就建立熟络关系是相当困难的。这种情况下，运用一些接待技巧，了解一些人际心理学知识也许就能起到事半功倍的效果。

5.3 需求分析的流程与步骤

很多客户决定购车并不需要太多时间，而选定车型则要耗费很长时间。销售顾问的工作就是帮助客户把需求具体化、明确化。需求分析的流程见图5-2。

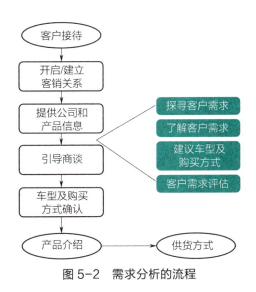

图 5-2 需求分析的流程

要想把客户的需求分析做流畅、做全面、做透彻,就必须掌握基本步骤和方法,这是销售顾问的基本功,见图 5-3。

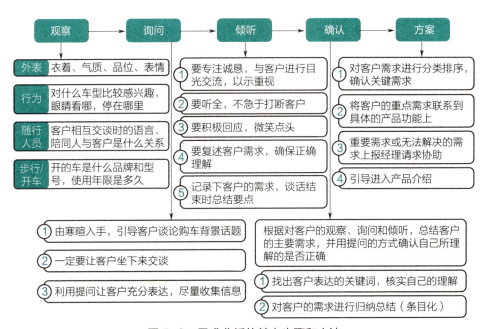

图 5-3 需求分析的基本步骤和方法

虽然上述步骤和方法是普适性的,但具体工作中必须根据不同的人、不同的情况、不同的事进行取舍、调整和优化,正如以下这段"顺口溜"所讲的：生客卖礼貌，熟客卖热情，急客卖效率，慢客卖耐心，有钱卖尊贵，没钱卖实惠，豪客卖仗义，小气卖利益，时髦卖时尚，享受卖服务，挑剔卖细节，犹豫卖保障，随和卖认同。

5.4 怎样了解和分析客户的需求？

做好需求分析要从了解需求开始，而了解需求的实质就是了解客户当前面临的问题和对待问题的态度，以及为解决这些问题愿意付出的成本/代价。

我们应该怎样了解客户面临的问题或者说境况呢？从方式上看，无外乎询问、倾听、观察肢体语言三方面。询问前文已有阐述。倾听，关注的要素不仅包含客户的言语，还包括客户说话的语气语调，后者在很大程度上体现了客户的真实态度。研究表明，人在交流过程中有50%以上的信息会通过肢体语言传达，因此观察肢体语言也是把握客户态度的重要途径。

客户的境况，归纳起来就是围绕车、钱、人这三个要素展开的。

1. 车的问题（表5-3）

表5-3 与老车/新车相关的问题

老车问题		新车问题	
①是否有老车	⑤品牌车型	①车型款式	④是否已经提前了解
②里程数及使用年限	⑥车况	②主要用途	⑤了解过哪些品牌车型
③是否置换	⑦主要用途	③颜色配置倾向	⑥是否去其他经销店看过
④对哪些方面不满	⑧对哪些方面满意		

> 了解用车经历错误话术："您以前开过车吗？"
> 建议话术："您以前用过哪些车？感觉怎么样？哪些方面您觉得还不错？"
> 了解购车原因/用途错误话术："您为什么要买车？主要用途是什么？"
> 建议话术："真羡慕您啊！这么年轻就买车了，您买车是家用还是商用？"

> 了解购车要求错误话术："您需要什么样的车？"
> 建议话术："您驾龄真长啊，您对新车有什么要求吗？"
> 了解曾看车型错误话术："除了我们这儿的车，您还看过哪些车？"
> 建议话术："买车是件大事，应该多比比、多看看，您现在都考虑过哪些车型？我帮您参谋参谋！"
> 了解对某车型是否熟悉错误话术："您看过我们这款车吗？"
> 建议话术："您是提前做了功课吧，这款车卖得相当不错，您喜欢什么颜色配置？我帮您看看有没有现车。"

2. 钱的问题

关于钱的问题不要多问，否则容易引起客户反感。与购车相关的钱的问题包含以下方面：①购车预算；②针对某个车型，在其他渠道了解的价格是多少；③付款方式是全款还是按揭。

> 了解购车预算错误话术："您能拿出多少钱来买车？"
> 建议话术："冒昧问一下，您打算选择什么价位的车？"
> 了解付款方式错误话术："您是走全款还是走分期？"
> 建议话术："分期手续虽然稍微麻烦点儿，但能帮您留住流动资金，而且利息也不高，您考虑一下？或者您还是希望一次性付清？"

3. 人的问题

与购车相关的人的问题包含以下方向：①驾驶习惯；②使用人；③决策人；④影响人；⑤个人喜好；⑥计划购车时间；⑦居住地；⑧职业。

> 了解决策人错误话术："您能定下来吗？还需要家人再看看吗？"
> 建议话术："您还需要参考家人的意见吗？"
> 了解购买时间错误话术："您打算什么时候买车？"
> 建议话术："您什么时候要用车呢？"
> 了解来店次数错误话术："您是第几次来我们店？"
> 建议话术："您好面熟啊，您是不是来过我们店？"

围绕上述三个方面，结合展厅大部分客户成交案例，销售顾问常用的问题及话术见表5-4。

表5-4 销售顾问常用的问题及话术

序号	问题	提问话术示例
1	职业	看您的气质，您一定是位医生吧？
2	在用车辆	我刚才看您开了一台标致过来，是您自己的车吧？跑了多少公里了？
3	购车用途	您买车是商用还是家用？除了代步/商务接待以外，会经常跑长途/自驾游吗？
4	购车时间	您想什么时候提车？
5	购车预算	这几款车配置级别有点儿多，容易挑花眼，冒昧问下，您购车预算大概是什么范围？我帮您做个参谋
6	付款方式	分期手续看起来有点儿麻烦，但您初期能省下笔大钱，留着做理财还能钱生钱，况且我们还有无息贷，不用您多花一分钱，您看您是考虑做个分期，还是就想走全款？
7	配置要求	您对新车有什么要求吗？比如续驶里程、辅助驾驶功能……
8	性能偏好	您比较关注哪方面性能？比如动力性、经济性、安全性、舒适性、操控性……
9	比较车型	您之前大概考虑过哪些车？
10	家庭成员	您家里还有（哪些家庭成员）？您家有几个小朋友？小朋友多大了？
11	决策人	您还要回去问问家人的意见吗？还是现在就能定下来？
12	使用人	您买车主要是自己开吗？还是家里其他人也会开？

购车客户的四种常见性格类型，以及相应特征分析见图5-4、表5-5。

表5-5 四种常见性格类型客户的特征分析

特征	友善型	表现型	控制型	分析型
行为举止	轻松随意	活泼外向	坚决强硬	直奔目标
沟通方式	照顾他人面子	善于交际、乐于沟通	重视底线、关注结果	注重真凭实据
气质性格	平静随和	和蔼可亲	焦躁不安	冷漠严肃
对待他人意见	易于接受	注意力不集中	缺乏耐心	疑心较重

（续）

特征	友善型	表现型	控制型	分析型
处理问题	易听从别人建议	专心致志、全神贯注	喜欢指挥控制别人	惯于对他人品头论足
决策行为	深思熟虑再决策	喜欢仿效别人	决策果断	考虑周全
时间意识	遵守时间	不珍惜时间	时间紧凑	时间效率高
肢体语言	谨慎准确	丰富生动	使用频繁	较为克制
衣着服饰	大众款式	时尚新潮	讲究品质	朴实传统
压力反应	易屈服顺从	易情感对抗	与主观意志抗争	放弃分析推理

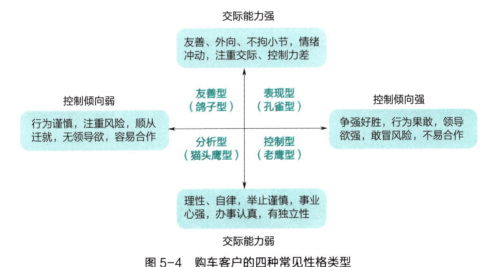

图 5-4　购车客户的四种常见性格类型

如果你掌握了上述知识点，那么恭喜你，你在需求分析上已经入门了。你会发现，在需求分析这个阶段可以向客户提出很多问题，但这并不意味着你要像"调查"甚至"审讯"一样事事都问、刨根问底。你要明白，这些问题的答案对销售而言是非常有价值的，但对客户而言毫无价值，因为那些都是他/她的真实境况，他/她原本没必要一一告诉你。因此，实际工作中，要尽量避免生硬地套用前文罗列的话术，有些问题的答案其实完全可以在其他话题的交流中了解，或者通过客户的语气和肢体语言来分析判断。总之，问要问得恰到好处，至于什么是真正的恰到好处，只能留待你到工作中去慢慢体会感悟。下面，如何让客户配合你做需求分析呢？

从客户角度来讲，需求分析难就难在：

1）很多需求分析问题会涉及客户隐私，我们不可能用问卷调查的方式提问，更不可能硬生生盘问。

2）在整个购车过程中，买卖双方其实一直处于利益冲突的状态，客户希望花最少的钱买最合适的车，而你希望把最想卖的车卖出最高的价钱，双方在交流博弈过程中都不会轻易亮出"底牌"。

想要让客户配合你做好需求分析，就必须处理好两件事，一是增加客户能获得的利益，二是降低客户可能面临的风险。

为此，我们可以尝试灵活运用"**财务需求了解**"的方法。对于所有到店客户，无论他/她抱有什么目的或关注什么车型，你都可以先告知他/她有低/零息金融政策，而且分期付款比全款优惠多，那么他/她大概率会意识到"能获取更多利益"，而此时你的身份也发生了变化，从"卖车"的销售顾问变成了帮客户做"购车资金规划"的金融专员。在以某款车型为例，帮客户做预算分析和金融手续介绍时，一些你迫切希望了解，但客户很可能不愿意直接给出答案的敏感问题，比如家庭住址、家庭成员情况、真实车主、银行流水情况、首付金额、月供能力、历史贷款记录等，就都能顺其自然地提出，客户出于"获取更多利益"和"降低购车风险"的考虑，大概率也会配合你作答。

试想，在掌握了这些问题的真实答案后，你在后续的产品推介、价格谈判中是不是会更有信心？

5.5　怎样发现客户的需求？

1. 了解客户的背景情况

销售顾问："您好！您是第一次来我们店吧？"（了解来店次数）

客　　户："是的。"

销售顾问："那您是给自己买，还是给家里人买？"（了解用车人）

客　　户："自己买，刚摇上号，先随便看看。"

销售顾问："那您想看看什么车型？有没有比较中意的？"（了解客户的产品喜好）

客　　户:"我去了几家店,不过对车不太懂行,想先了解一下再决定。"
销售顾问:"那您买车主要是什么用途?是上下班代步,还是工作也用?会经常跑长途或者自驾游吗?"(了解客户的购车用途)
客　　户:"主要是上下班代步,节假日可能也会出去玩儿。"
销售顾问:"您估计每天上下班要跑多少公里?家里停车方便吗?"
客　　户:"没细算过,大概××公里吧。我们小区车位挺紧张的,不太好停车。"
销售顾问:"明白了,这样的话,我推荐您考虑一下这款混动的,像您每天要跑××公里,混动的能比燃油的省不少,不太推荐您直接上纯电的,小区不好停车,没法装充电桩,充电是个麻烦事儿。"(按客户需求要点推荐车型,顺带介绍车型主要参数和卖点)

在上述案例中,销售顾问通过与客户的自然沟通,用简单随和的提问,对他的背景情况进行了全面了解,我们从中可以归纳出以下信息:①客户是首次到店;②客户购车原因是摇号中签;③客户去过其他店、看过其他车;④客户是首次购车,缺乏汽车知识,没有用车经验;⑤客户需要一款适合在城市使用的经济性凸出的车;⑥客户住所车位紧张,纯电车型可能不便充电,车型尺寸可能不宜过大。

2. 了解客户需要解决的问题

销售顾问一定要抓住那个萦绕在客户心头、让客户最为关切/痛苦的问题,以此为切入点,综合利用销售策略和技巧、结合主推车型的特点,用智慧和诚意打动客户。

销售顾问:"我看您开了辆××车过来是吧?"(了解客户的购车原因和方式)
客　　户:"是啊。"
销售顾问:"这么说您是打算置换?"
客　　户:"是,刚换了个工作,离家远了,想换个更可心的。"
销售顾问:"您开的这个××车其实挺不错的,您觉得哪儿还不太合适?"(先肯定客户之前的选择,再进一步了解客户的需求)

客　　户："这车确实还行，就是动力感觉有点儿弱，而且没有倒车影像，平常停车不太方便。"

销售顾问："太巧了，我们正好有一款刚上市的，带涡轮增压，别看排量不大，动力特足，而且油耗比您这车还低。这车标配全景影像，我给您演示一下您看看，比倒车影像还好用。"（按客户需求要点推荐车型，顺势切入卖点介绍）

上述案例中，客户因工作地离家远了而产生置换需求，对新车的性能，尤其是动力性有一定要求。深入挖掘还可知，由于主要用途是上下班通勤且距离较远，使用频率和强度可能都较大，因此客户对经济性（油耗/电耗）可能也比较敏感。于是，销售顾问因势利导地推荐了动力足又省油的小排量涡轮增压车型。此外，客户特意提出对倒车影像的需求，而销售顾问不仅做出了回应，还强调了所推荐车型与此功能对应的优势/卖点，即"标配全景影像"，向客户呈现了超出预期的"利益"。

以下案例中，客户虽然回答说对车辆的所有方面都关心，但通过销售顾问的追问，可知其实际用车场景是高速/长途。进一步分析可知，这类用车场景下，动力性和安全性可能是客户的基础需求，而舒适性可能是其核心需求，因此销售顾问选择以舒适性为切入点来展开介绍产品。

销售顾问："您真有眼光，这是咱们店现在的主打车型，要不我给您介绍一下？动力性、操控性、安全性、舒适性，您比较关注哪方面性能？"（以赞赏开场，顺势切入需求挖掘）

客　　户："这些好像都挺重要。"

销售顾问："确实是，对了，问一下您是第一次买车还是置换？"（先表示认同，再转向提问，了解客户用车背景）

客　　户："第一次。"

销售顾问："没关系！其实大多数来咱们店的客户都是第一次买车，所以咱们更得多了解了解，多比较比较，您说是不是。那您买车主要是市区上下班开呢，还是经常要跑高速、跑长途？"（先表示认同，再转向提问，了解客户购车用途）

客　　户："我可能经常要跑长途。"

销售顾问："哦，经常跑长途，那舒适性可太重要了。您想想，本来长

时间跑高速就容易疲劳，这车的舒适性要不怎么样，那不是雪上加霜嘛！"（复述客户诉求，引导客户需求）

客　　户："还真是这么回事儿。"

销售顾问："您真是选对车了，这款车就主打一个舒服！"（获得客户认可后，立即转入产品卖点介绍）

事实上，绝大多数进店客户都有非常明确的目的和需求。销售顾问的任务就是迅速发现客户与车相关的问题，挖掘出导致问题的本质原因，强化问题对客户的消极影响，放大解决问题对客户的积极作用，由此才可能坚定客户改变现状的决心，使他／她心甘情愿地为解决问题付出一定"代价"。

5.6 怎样管理和引导客户的需求？

实质上，客户对汽车的需求源于对功能和身份认同的需求。因此，对客户购车需求的管理与引导，是销售过程中的关键一环，见图 5-5。

1. 需求挖掘注意事项

1）选好话题，从客户关切、感兴趣的话题入手，并且要就此深入交流。

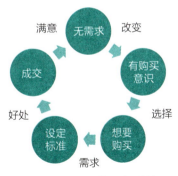

图 5-5　需求管理与引导

2）有目的性地提问，挖掘客户尚未直接表达的需求。

3）交谈时要耐心倾听，适时表达认同或赞美。

4）客户有随行人时，谈话时要兼顾。

5）不要喋喋不休，甚至与客户抢话。

6）总结／指明客户需求要点时，注意获得客户认可。

2. 需求分析注意事项

1）在有桌椅的接待区落座后再进行需求分析，便于记录和展示。

2）用不断记录来表现你对客户诉求的专注。

3）适时提供产品资料，讨论选购目标和购车方案。

3. 需求判断注意事项

1）避免突显个人观点，不宜说"我建议您买这款车"，可以说"这款车很受欢迎，销量不错，您可以考虑一下"。

2）根据客户对你的推荐的反应，逐步调整推荐目标，让你的"想卖"与客户的"想买"形成交集。

4. 需求引导的基本方法

1）根据客户的经济实力，或已决定购买车型的档次来引导其需求。
2）根据客户的家庭情况、日常使用情况来引导其需求。
3）根据客户的爱好和车辆用途来引导其需求。
4）根据客户对车辆性能配置的关注点来引导其需求。
5）给客户一份他/她感兴趣的车型资料，引导他/她看实车。

5. 梳理/判别有望成交的客户

从接待客户进店到帮助客户进行需求分析，销售顾问要通过在这一过程中获取的客户信息，来判断客户的状态和成交概率，比如可参考以下方式进行简单分类：①绿灯区，客户需求与本店供应（产品和服务）基本匹配，客户表现出信任和积极的状态，成交概率较高；②黄灯区，客户需求与本店供应稍有偏差，客户表现出犹豫不决的状态，成交概率居中；③红灯区，客户需求与本店供应偏差较大，客户表现出拒绝和消极的状态，成交概率较低。对于绿灯区的客户，要充分挖掘和满足其需求，尽最大努力促交；对于黄灯区的客户，要积极引导和说服其接受既有的产品与服务；对于红灯区的客户，如果尝试引导和说服无果，要果断放弃，事后总结经验教训。表5-6所示为梳理判别客户成交概率的具体标准，可酌情使用以提高工作效率。

6. 销售顾问的自我检核

表5-7所示为供销售顾问自我检核客户需求分析工作效果的工具表，实际工作中如果能善用，对业务能力提升会有很大帮助。

表 5-6 客户成交概率的梳理判别

客户姓名：＿＿＿＿＿ 联系电话：＿＿＿＿＿ 判定符合项打"√"，不符合项打"×" 本卡事项记录

责任顾问＿＿＿＿＿ 评估日期＿＿＿＿＿ 客户访谈结果＿＿＿＿＿

序号	项目	状态	序号	项目	状态
1	是否知道客户的姓名、住址、电话？		16	是否知道客户现有车辆的保养地点？	选购意向
2	是否知道客户的职业、职务、工作单位？		17	是否知道客户现有车辆的累计行驶里程？	商谈终止
3	是否了解客户的家庭成员情况？		18	是否了解客户期望的换车周期？	接触日期
4	是否了解客户的兴趣爱好？		19	是否与客户协商过旧车处理事宜？	原车品牌
5	是否获得了客户的名片？		20	是否谈到付款方式？	车　型
6	客户是否应邀来店？		21	与客户交流中是否能当面开玩笑？	购买日期
7	是否了解客户的购车用途？		22	与客户的商谈是否超过1小时？	战败原因分析
8	是否谈到颜色选择？		23	是否与真正的购车决策者商谈过？	□价格　□性能
9	是否谈到车型配置？		24	客户是否能叫出你的姓/名？	□配置　□造型设计
10	是否了解客户的购车预算？		25	是否能将客户该车以外的话题？	□空间　□竞品
11	是否了解与其他购车品牌的竞争情况？		26	是否与客户约定下次来店时间？	□售后服务　□亲友反对
12	是否向客户提供购车建议并获认同？		27	是否能去客户家或单位拜访？	□旧车处理　□其他
13	是否谈到售后服务？				
14	客户是否再打电话或再次来店？				
15	是否知道客户现有车辆的验车日期？				

评估分级

符合项目数	1~10项	11~15项	16~23项	24项及以上
状况及应对	要努力获取更多客户信息才可能成交	要增进与客户关系的亲密度才可能成交	成交概率大，但也不能掉以轻心	与客户关系亲密无间，可督促其尽快成交
建议分级	C级客户	B级客户	A级客户	H级客户

表 5-7 销售顾问需求分析工作评价

评价项目	评价内容及指标		分值	得分
专业形象展现（8分）	1. 形象规范		满分4分	
	1）仪容规范	男性：头发清洁、整齐、干练，不蓄须，指甲短齐、清洁、无纹身	1	
		女性：头发清洁、整齐、束发，商务淡妆，指甲短齐、清洁、无纹身		
	2）仪表规范	男性：统一工服，平整清洁，西装系领带，工牌戴胸部左上，黑鞋深色袜	1	
		女性：统一工服，平整清洁，可系丝巾，工牌戴胸部左上，黑鞋深色袜		
	3）仪态规范	站姿：抬头、挺胸、收腹、收下颚，男性双脚与肩同宽，女性丁字步	1	
		坐姿：抬头、挺胸、收腹，不仰靠，倾向客户方向	1	
	2. 商务礼仪		满分4分	
	1）语言表达	使用普通话，语速适中，吐字清晰，表达准确	1	
		注意礼节性用语的使用，例如请、谢谢、请教您等	1	
	2）表情动作	始终面带微笑，与客户有眼神交流	1	
		注意肢体动作的规范性，切忌有攻击性、封闭性动作	1	
标准流程执行（50分）	1. 进店接待		满分20分	
	1）主动迎接	客户进店5米内上前迎接，保持1~2米距离	2	
		使用标准问候语，声音洪亮热情	2	
	2）自我介绍	介绍内容完整，包括职位、姓名	2	
		主动递送名片，且动作符合规范	2	
	3）询问客户	第一时间询问客户姓氏，或主动向客户索要名片	2	
		通过封闭式问题，询问客户来意	2	
	4）引导入座	在客户身前引导其至洽谈区，双手拉椅子或引导至沙发落座，宜面向意向车型	2	
		待客户落座后，入座客户一侧邻座	2	

（续）

评价项目	评价内容及指标		分值	得分
标准流程执行（50分）	5）提供茶饮	客户落座后，第一时间询问是否需要茶饮	2	
		向客户递送茶饮时动作规范	2	
	2. 需求分析		满分30分	
	1）询问全面	必问问题 ①购车决策人 □ ④购车预算 □ ②购车用途 □ ⑤购车关注点 □ ③购车时间 □ ⑥付款方式 □	12	
		拓展问题 ①信息渠道 □ ⑦对比竞品 □ ②用车经历 □ ⑧用车感受 □ ③兴趣爱好 □ ⑨驾驶习惯 □ ④常去场所 □ ⑩常开路段 □ ⑤职业职务 □ ⑪家庭住址 □ ⑥家庭状况 □ ⑫财务状况 □	6	
	2）适时推介	根据客户需求，适时推介店内具体车型，并阐述原因	2	
		根据客户需求，适时推介店内二手车业务，并阐述原因	2	
		根据客户需求，适时推介店内按揭业务，并阐述原因	2	
	3）辅助工具	主动提供店内车型资料	2	
		采用记录工具记录客户需求	2	
		使用销售顾问手册或平板电脑等工具协助说明	2	
进阶技巧运用（36分）	1. 进店接待		满分8分	
	1）记忆加深	借用典故、成语、名品、名人、特征等，加深客户对自己姓名的印象	2	
	2）自我包装	利用从业经历、品牌经验、专业资质、荣誉奖励等要点展示，提升客户信心	2	
	3）寒暄破冰	利用观察到的客户情况、天气情况、交通路况等展开互动，使客户快速放松	2	
	4）细节观察	利用捕捉到的客户信息，解读应对	2	

（续）

评价项目		评价内容及指标	分值	得分
进阶技巧运用（36分）	2.需求分析		满分24分	
	1）赞美	①赞美客户自然且适时，对客户言谈信息捕捉及时，行为观察准确，反应适时； ②赞美客户的用词贴切，符合客户身份背景、沟通语境等； ③赞美客户的内容准确，能表达对客户的关注和尊重； ④赞美客户时真诚热情，能匹配恰当的语气、眼神和肢体动作	5	
	2）抗拒应对	①善用同理心、赞美、反问及群体效应等方法，共情而非认同观点； ②对客户抗拒承接及时，不回避、不抗拒、不拖拉； ③始终有礼有节，化暴戾为祥和	5	
	3）提问	①提问时机恰当自然，善于捕捉客户信息反问、创造、主导话题，适度发问； ②提问反馈及时恰当，善于回应，表达关切和尊重； ③对信息不全的客户要善用开放式问题展开纵深追问； ④对信息不清的客户要善用封闭式问题提供有限选择	5	
	4）倾听	①不打断客户，不臆断客户想法； ②适时回应，适时附和、点头、眼神交流； ③善于捕捉客户言谈重点，适时重复确认、梳理归纳	5	
	5）示弱	能运用多种方法示弱，如案例和数据，表现出请求客户帮助的姿态	2	
	6）给予	①实物给予：提供纸巾、手巾、零食、小礼品等； ②服务给予：主动帮客户开车门、打伞、放置物品等	2	
隐性需求分析（6分）	结合对客户的接触了解，回答以下问题		满分6分	
	1）客户的隐性需求有哪些？如何满足这些隐性需求？		3	
	2）结合客户需求，简述你将推介哪款车？哪些配置？采用哪种销售策略/方法？		3	
汇总	销售顾问姓名：_____　评价日期：_____　最后得分：_____			

5.7 不同阶段的成交促进策略

前文所述的需求分析能为促进成交奠定良好的基础。那么，怎样利用需求分析对客户进行合理引导？怎样真正激发客户的购买欲望并促使客户做出购买决定？针对不同购车阶段/心理状态的客户，要采取不同的策略和技巧。注意，以下分析建立在与客户首次见面，且客户是首次来店的情况下。

1. 意向阶段

客户刚刚产生购车意向，尚处于对不同品牌、不同车型进行对比分析的阶段。这个阶段的客户，需要的是对各备选品牌及车型有尽可能全面的了解。一般的销售人员，总是自我假定客户只要进店就只准备买本店的车，他们习惯采用的促交策略是"价格区间定位 + 车型定位 + 专业介绍"，因为这对大部分客户可能都适用。

然而，实际上客户这时并不只对你销售的品牌车型感兴趣，如果你一上来就一门心思地推荐自家车型，就很可能与客户的想法和诉求相矛盾，导致客户排斥甚至反感。因此，在这个阶段不妨先放弃"自卖自夸"，不要让客户感觉你在不遗余力地推销自家产品。那么问题来了，不推销产品推销什么？推销自己！

作为销售顾问，你必须让客户相信你是专业的、职业的，这就是我们在第 2 章所讲的"职业范"。一位刚萌发购车需求的客户，肯定是希望尽可能多地了解与车相关的信息，这就是他/她的核心需求。那么，为了满足他/她的需求，你就要这样塑造/推销自己：首先，我是专业的汽车销售顾问，对各个品牌、各种车型都很了解，我能根据您的描述，梳理出哪些品牌、哪些车型可能适合您；其次，您是否在我们店购车无关紧要，但只要您有关于车的问题，我随时可以为您提供帮助。

2. 拟购阶段

客户已经对品牌、车型、性能、配置、颜色、价位以及增值业务等有所了解，有备而来，心中有清晰的备选答案，来店的目的主要有两个：了解这家店的价格、服务等情况；试乘试驾，验证自己的判断。

对于这个阶段的客户，尽管是初次见面，也千万不要再按部就班地从车型介绍上展开话题,这样只会让客户反感。此时,你要面对的其实是同品牌下店面与店面的竞争,因此销售重点既不是车,也不是"自己",而是服务质量。

这个阶段的客户,需要的是符合心理预期的报价、安心可靠的销售和售后服务承诺。因此,你除了要采取一定策略使客户接受自己的报价外,还要对后续销售和售后服务,包括验车上牌、质保延保、维修等进行全面、细致的介绍和说明。

在此延伸讲一讲,很多销售顾问看到上述内容可能不以为然,认为售后服务有专门的部门和人员负责,关我什么事?而笔者多年的实践体会是,汽车与其他大件日用工业品相比,有一个非常重要的特性,就是"重复购买性"。按节点理论,每一位优质客户背后,都隐藏着50位潜在客户。你服务好一位客户,可能就成功开发了50位潜在客户。通过服务提高了客户的满意度,自然就会提高客户的购买欲望/意愿。

随着众多新能源汽车品牌、车型涌入市场,潜在汽车消费者的购车诉求更趋多元化,主机厂和经销商都亟需开发精准的细分市场营销策略。深刻洞察不同人群的特征与需求,策划和制订基于不同人群的营销策略与话术,才会使销售工作行稳致远。

至此,我们对促进成交的"三要素"要有新的认识:①客户"有需求"才会购车;②客户"有购买力"才会购车;③客户"有信心"才会购车。

一位高水平销售顾问的特征应当是:①能准确把握客户的需求;②能与客户建立信任关系并获得稳定的转介绍客源;③能随时随地帮助客户解决与车相关的问题;④拥有稳定规模的忠诚客户群;⑤热爱本职、不甘现状、不断学习。

5.8 我们到底是卖产品还是卖需求?

一个优秀的职场人,应该懂得打造企业品牌、产品品牌和个人品牌的重要性,将个人的品质与产品的品质融为一体,并最大限度地发挥它的影响力,把客户的口碑变为成功的机会。这一点,对汽车销售而言尤为重要。

做需求分析是向客户推介产品的前提,但推介是一码事,客户买不买账是另一码事。独特的销售主张应当包括三个要素:

1）你必须基于购买产品所能获得的利益，明确向客户提出购买建议。也就是说，销售主张不能是泛泛的、不痛不痒的产品说明，或一厢情愿的"表白"，而是必须传达两个重要信息："你购买产品后能得到哪些利益"和"你需要购买这个产品"，即"买点＝利益＋需求"。

2）你的购买建议中强调的利益必须是你的产品所独有的，换言之，就是竞品所不具有的或尚未明确提出的。

3）你的购买建议必须强而有力，能吸引、打动客户。大多数客户的需求往往是笼统的、不具体的，你要把这些需求变成或看得见、或摸得着、或能理解、或能想象的具体事物，客户才可能被你的建议打动。

当下，不少厂商和销售顾问都把过多的精力放在了提炼产品卖点上，甚至完全沉浸在"自我陶醉"的状态中，没有或缺少与客户的换位思考，没能真正理解客户的需求，自然也不可能触动客户的"买点"。

"产品卖点"与"客户买点"，其实是一个事物的两面。但恰恰是身份/角度的转换，使营销思维走向了截然不同的路径。如果只会循着"卖点"走，则路会越来越窄，局限性会越来越大。

例如，同样是卖苹果：当你在高档社区里卖时，消费者的"买点"可能是"有机无公害"；当你在健身房里卖时，消费者的"买点"可能是"富含维生素和纤维素"；当你在景区山顶卖时，消费者的"买点"可能是"又甜又脆水分足"；当你在医院/火车站门前卖时，消费者的"买点"可能是"寓意平安"……

场景不同，买点不同。买点，是消费者做出购买决策的点，核心是促动消费者来决策。只有关注"买点"，才能真正实现与消费者的互动，例如新能源汽车，买点可能是"充电成本低""操作省心""购置税减免""尾号不限行"等。相比于"卖点"的一成不变，"买点"的万变，实际上是对消费者需求和市场动态的及时反应。"买点"对应于消费者购买场景和行为的改变，可能涉及消费者决策过程中的每一个变量，例如销售顾问当时展现的"职业范"和服务态度、经销店当时的硬件环境和氛围感、厂商/品牌的口碑近况、当时的置换和金融政策等，当然也包括消费者自身的变量，例如大学毕业、结婚、换工作、搬家、生小孩等。

换言之，消费者决策过程中的每一个变量，都可称为"买点"。把"买点"梳理好、研究透，挖掘出消费者的"底层需求"，再与汽车产品的"卖点"、销售和售后服务的"卖点"、你自身的"卖点"组合、融合，才可能高效地促进成交。

生活中大家经常会遇到一些姑娘、小伙拦着问要不要办健身卡，或者发放美容店、理发店的优惠卡。他们这是在销售吗？当然不是！下面通过举例来进一步说明。

前文提到的世界"最伟大"销售员吉拉德，在长达15年的销售生涯中，总计卖出了1.3万辆车，最多的一年卖出了1425辆，平均每天卖出6辆。这些纪录至今无人打破。

可如果我们客观回顾他这15年销售生涯就会发现，那时的美国经济环境异常糟糕：1964年爆发了越南战争，1973年又爆发了第一次石油危机，美国的全国汽车销售量持续下滑。有记者采访吉拉德，问他究竟是怎样在如此逆境中高歌猛进的，他回答说："所谓优秀的销售者，通常在沟通之前，先思考、后提问、再决定，未来的销售者不在于有多会说，而在于有多会问。"

相比于介绍产品，吉拉德更愿意去询问客户需要什么。只要有人打来电话，他就会询问并记录下对方的职业、喜好、购车用途等信息。曾有人在电话里用半年后才想买车搪塞他，结果吉拉德真在半年后又给那人打了电话。他靠着掌握客户的未来需求、紧迫的"黏人"功夫，促成了不少生意，他曾对此感叹道："我卖的不是产品，而是客户的需求！"

从吉拉德的案例中你能得到哪些启示？

身为销售顾问，你是否经常有以下烦恼：

1）学了不少销售话术，打电话还是经常被"秒挂"，面对客户还是不知道如何开口。

2）无论说什么都很难激发客户的兴致。

3）向客户推介产品总会引起客户反感。

4）介绍完产品后就不知道再和客户聊什么，经常冷场，急得冒汗。

5）不会邀约客户，说话生硬，说两三句就"卡壳"。

导致上述情况的问题，就是你不会"提问题"。客户带老人来买房，一般的销售只会问："您需要什么价位的？"而高手会问："您知道医院和公园离这儿有多远吗？"

销售大师尼尔·雷克汉姆在《SPIN销售法》一书中阐述了通过实情探寻、问题诊断、启发引导和需求认同四个提问阶段，来发掘、明确和引导客户需求与期望，并借此推动销售进程的方法，见表 5-8。

表 5-8 SPIN 提问法的提问类型、阶段及技巧

提问类型	提问阶段和技巧
Ⅰ. 现状类提问	实情探寻阶段，可以理解为"**寻找伤口**"。见到客户后首先要通过合适的开场白获得好感、建立基本信任。这既是寒暄，也是铺垫。所谓实情探寻，就是了解客户的现状和背景，进而拟定后续的沟通方向
	提示：现状类提问要事先做好准备，要有目标地提问，不要漫无目的地提问，并且要用开放式提问尽可能多地收集客户信息
Ⅱ. 难点类提问	问题诊断阶段，可以理解为"**揭开伤口**"。针对上一阶段获取的客户信息提问，挖掘客户的隐性需求，引导客户自己说出困难和不满，帮助客户分析需求，即通过提问让客户意识到痛点的存在
	提示：你要帮助客户挖掘出比他/她自己意识到的痛点更多的或更深一层的痛点
Ⅲ. 暗示类提问	启发引导阶段，可以理解为"**在伤口上撒盐**"。引导客户梳理过痛点后，就要加大问题的紧迫性，加深客户对于痛点的不满，逐渐把潜在需求转化为明确需求
	提示：了解客户的痛点后，就要不断狠戳痛点，让他/她意识到问题的严重性，这样才会激发出他/她解决痛点的决心
Ⅳ. 获益类提问	需求认同阶段，换言之就是解决问题阶段，可以理解为"**在伤口上抹药**"。面临的问题、所面临问题的紧迫性，以及解决问题后可能获得的收益，这些一旦得到客户的认同，就要立即通过试探性提问了解客户是否认同解决方案
	提示：不要过早提出解决方案，而且要尽可能确保给出的利益超出客户预期的利益

第 6 章
做好车辆静态展示与介绍

导 读

　　车辆展示与介绍的过程，实际也是了解、挖掘和引导客户需求的过程。在实车面前，客户的需求才更容易具象化。同样的商品，以不同的状态、放在不同的环境里，呈现给人们的价值感可能是截然不同的。因此，做好展厅与展车的日常管理极其重要。

　　六方位绕车介绍法是一种规范、经典且全面系统的汽车介绍方法。产品介绍是向客户展示自己专业知识和职业素养的绝佳机会，因此销售顾问必须掌握并能灵活运用六方位绕车介绍法。

　　产品介绍并不是对每项特性和配置都进行详细介绍，而是在了解客户需求的基础上"讲客户关心的，讲能满足客户需求的"，甚至不一定是专业的。介绍中要注意主动引导，让客户充分体验，重点关注客户的意愿和需求。

6.1 车辆静态展示管理

车辆展示分为静态和动态两种形式，所谓静态是指在经销店展厅里静止不动地展示，所谓动态是指试乘试驾体验。通常而言，动静结合的展示方式更有利于帮助客户充分、有效地了解车辆特性和功能。但事实上，相当一部分客户可能不愿浪费时间去试乘试驾，或在没有充分的静态了解前不会产生试乘试驾的意愿。因此，车辆静态展示是帮助客户了解车辆的首要途径，是整个汽车销售流程中的关键一环。

车辆的静态展示可以起到什么作用呢？

1）让客户通过看、摸、坐、动等一系列动作，来初步感受车型的特性和品质。很多首次购车的客户，是非常容易被可见、可触、可闻的品质打动的，因此整洁的规范化展厅和状态良好的展车，是有助于促进客户做出购买决定的。

2）通过良好的静态展示，赢得客户对产品和服务的初步认可，更容易引导其进入试乘试驾阶段，甚至直接促成订单。

1. 展车摆放的原则和要点

①展车位置和布局便于驶进驶出展厅。
②展车尽可能多地涵盖本品牌不同车型和配置。
③按款式新旧/配置高低/车身颜色畅销度等顺序排布展车。
④正在促销或最高配置的车型，放在主要/凸出展位。
⑤展车四周留出充裕空间，方便客户绕周观赏、开关车门、上下车。
⑥每天班前全面清洁展车，每批客人离开后随手清洁展车。
⑦定期更换展车，保持新鲜感。

2. 展车管理的内外标准（表6-1）

表6-1 展车管理的内外标准

展车	序号	部位	达标细则
外部管理	1	外观	清除保护膜、防护套，确保车身漆色均匀／光滑，车身表面清洁、无指纹／水痕／划痕，部件接缝处无水迹／污物，发动机舱盖打开后无浮尘
	2	门窗／外后视镜	营业期间车门不上锁（确保车门、行李舱盖、发动机舱盖均可开启），两前门窗落下，风窗／车门窗、外后视镜无污渍、浮尘、水迹、指纹
	3	轮胎	轮胎花纹凹槽内无异物、干燥清洁，定期使用轮胎亮光剂并在轮胎下放置垫板，轮辐中央的品牌LOGO要保持端正
	4	车身附件	对于装有车顶行李架、蹬车踏板的展车，要注意安装牢靠且周正美观
	5	标牌	标牌内容必须与展车相对应，且颜色、格式、内容符合品牌厂家标准，标牌置于展车前方靠驾驶人侧，支架高度对大多数人友好且稳定不易倒
内部管理	1	座椅	将驾驶座和方向盘调整到对大多数人友好的位置，副驾驶座与驾驶座位置平齐，是否保留座椅套按厂家标准执行
	2	脚垫	铺设带品牌LOGO的原厂脚垫并摆正位置，每批客户离开后及时整理清洁，有破损及时更换
	3	细节	去除方向盘、遮阳板、内后视镜上的保护套，调整内外后视镜的角度至正常行车状态，确保各功能开关无缺损且能正常动作，确保内饰件无松动、无掉色、无缺损、无脏污、无浮尘，确保仪表板／中控台清洁
	4	安全带	前座安全带捋顺归位，后座安全带用扎带（橡皮筋）扎好塞进椅间缝隙中，留一半在外面
	5	行李舱	整洁、无杂物，随车配备的千斤顶、轮胎扳手、工具袋、急救包、备胎、安全警示牌等齐全归位

要塑造专业、可靠的职业形象，不仅要注重自身的修炼，还要学会合理"借力"，而展车就是你工作中最好的"助手"之一。班前、班中、班后，多到展车旁走一走、看一看，发现有不符合上述标准和要求的情况，及时清理、调整、完善，久而久之，养成习惯，一定能潜移默化地帮助你赢得客户的青睐、得到领导的赏识。

6.2 产品介绍的内容与作用

通过需求挖掘和分析，对客户的购买意向有了明确判断后，就要及时推进到产品推荐与介绍环节，此时的工作核心是把自己想要推荐的车型的卖点尽可能与客户的需求相结合（也就是前文所说的"买点"思维），通过系统、全面、专业的介绍，让客户充分了解车型的性能和配置特点，强化其购车欲望，使其对产品建立信心。

1. 产品介绍的前提

1）准确、扎实地掌握产品知识与产品介绍方法。产品知识包括品牌、外观/造型、配置、操控、经济、安全、舒适、内饰八个方面，以及客户需要的增值业务。介绍方法是指介绍顺序（六方位绕车介绍）、介绍语言（FAB介绍法）、竞品对比（原则方法）、针对介绍（客户关注点）、优势总结（带来的价值/好处）。

2）顺利完成前序接待过程，使客户初步建立信心。产品介绍需要在一个融洽的氛围里进行，这样一方面会增强你的信心，让你保持积极热情的状态，另一方面也能让客户有兴趣听你介绍，并且愿意与你互动。要创造融洽氛围，就要在前序接待过程中以专业的顾问形象、扎实娴熟的服务技能打动客户，赢得客户对你和你所代表的经销店的初步认可与信任。

3）准确了解客户购车需求与购车动机。产品介绍的出发点，正是对客户需求的准确把握。你对车辆特性的介绍，实际是要回答和解释客户的疑问点和兴趣点，切忌照本宣科、长篇累牍式地应付差事。

4）准确了解实际购车决策人及其购买力/预算。产品介绍的对象必须准确，费时费力向对方介绍，结果实际决策人另有其人，就等于做无用功。找准了决策人，也抓住了决策人的需求，介绍过程更是行云流水，但如果产品的价格超出了决策人的承受范围，这些"完美"的工作就都是徒劳。因此，进行产品介绍的大前提一定是找准决策人、明确购买力/预算。

2. 产品介绍的内容

① 品牌：从满足客户身份认同需求的角度出发，对品牌的历史积淀和价值，以及品牌所承载的品质和信誉进行介绍。

②外观/造型：从设计风格、造型特点、主要车身参数，以及主销车身色等方面进行介绍。

③配置：可以与安全、舒适、经济、操控部分的介绍融合在一起，也可以强调一些提升体验感和便利性的亮点配置。

④操控：从与操控性相关的硬件（悬架形式、减振器类型等）、软件（悬架标定、底盘电控系统等）和权威测试成绩等方面进行介绍。

⑤经济：从性价比、油耗/电耗、维修费用等方面进行介绍。

⑥安全：从主动安全配置（自动防碰撞系统）、被动安全配置（车身结构强度和刚度、安全气囊等）、权威碰撞测试成绩等方面进行介绍。

⑦舒适：从滤振（可与操控部分结合）、噪声和振动控制（NVH性能）、舒适性配置（如座椅加热/通风/按摩、多区自动空调/新风系统等）等方面进行介绍。

⑧内饰：从设计氛围、材质（环保性和质感）、装配工艺等方面进行介绍。

3. 产品介绍的作用

大多数客户购车前会在心中描摹出"理想爱车"的款式、配置、颜色等特征，不过"理想"与"现实"存在差异是在所难免的，他们在看到、接触到、对比过实物后，一定会对自己的"理想"进行调整。产品介绍的作用，就是在客户处于"理想"与"现实"不断碰撞、靠拢的状态时，引导客户调整预期、做出决策。这就是所谓的"生产引导消费"。

6.3 产品介绍的流程和要领

1. 产品介绍流程

产品介绍流程见图6-1。

2. 产品介绍中的注意事项

1）保持微笑，手势引导，注意站位，切忌撞到客户。

2）实车讲解，眼神交流。

3）寻求认同，鼓励提问，引导感受。

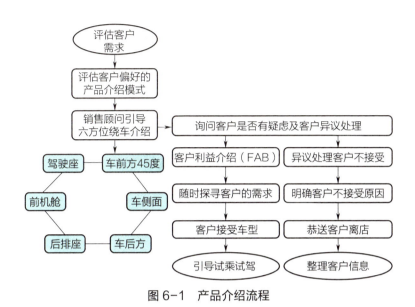

图 6-1　产品介绍流程

4）以客户兴趣为中心，发现客户不感兴趣，立即尝试转移话题。

5）随时关注客户购买信号，及时引导进入后续环节。

3. 产品介绍的形式要领

产品介绍的形式要领见表 6-2。

表 6-2　产品介绍的形式要领

位置	内容	要领
在车旁站立讲解	从客户重点需求开始介绍	1）对客户重点需求进行针对性介绍； 2）引导客户至展车前； 3）运用 FAB 利益介绍法； 4）使用品牌厂家提供的资料； 5）鼓励客户提问，寻求客户认同
	引导客户全面了解产品	1）运用六方位法，引导客户了解车辆的其他特点； 2）鼓励客户动手操作，亲身体验； 3）强调品牌优势，以及对客户有价值的配置； 4）随时观察客户反应，询问感受，寻求认同
	解答客户的疑问	1）鼓励、引导客户提问； 2）强调产品给客户带来的利益； 3）在客户提及竞品时注意沟通技巧（详见后文）； 4）遇疑难问题时不要回避，寻求相关专业同事或领导协助； 5）确认客户接受你的解答

（续）

位置	内容	要领
坐下来总结沟通	邀请客户就座	1）口头总结产品优势，以及给客户带来的利益； 2）邀请客户就座，递送产品资料单，争取与客户详谈； 3）寻求客户配合
	强调客户利益	1）在产品资料单上标出客户关切点和介绍重点； 2）主动请客户留存资料单，便于日后查看； 3）介绍品牌质量担保政策、售后服务政策； 4）强调使用中无后顾之忧； 5）寻求客户认同
	邀请客户试乘试驾	1）主动告知客户试乘试驾才能真正了解车辆性能和特点； 2）主动告知客户随时可以安排试乘试驾； 3）备好试乘试驾手续／文件，观察客户反应

4. 实现产品介绍目的的技巧

1）介绍内容要实事求是，不要故弄玄虚、夸大其词，否则很可能适得其反。

2）介绍中出现错误时，要及时更正并向客户致歉。

3）客户对你介绍的内容理解错误时，要顾及客户的感受，不要当面立即纠正。

4）介绍中要注意客户的反应，引导客户互动，不要滔滔不绝、自说自话。

产品介绍技巧与话术见图6-2。

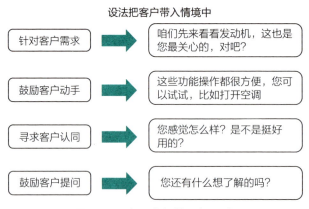

图6-2　产品介绍技巧与话术

6.4 六方位绕车介绍的要领

六方位绕车介绍法是一种经典的汽车介绍方法,是规范介绍汽车产品的基本功,汽车销售顾问必须掌握。所谓六方位绕车介绍,就是按车身左前方、车身左侧、车身后部、后排座、发动机舱、驾驶座的顺序,对车辆情况进行详细介绍,平均每个方位用时 5~7 分钟,总计大约需要 40 分钟,具体视情况和客户态度而定。

1. 六方位绕车介绍法的要点

六方位绕车介绍法的要点见图 6-3。

2. 六方位绕车介绍法的引导技巧

(1)车身左前方

引导:引导客户站在车身左前方,站在距客户 30 厘米左右的位置,上身微转向客户。

介绍:首先,全面介绍品牌/车系/车型的设计风格/语言,以及车型的主要车身参数(轴距、车长、车宽等);其次,聚焦车首进行介绍,包括发动机舱盖、进气格栅、前照灯和前翼子板的设计特点,前照灯的技术特点(远近光 LED、矩阵式 LED、自适应远光、转向随动等),前风窗玻璃的技术特点(夹层设计、隔声隔热、防紫外线),以及其他核心/特色技术性/便利性装备,例如雨量感应自动刮水器、超声波传感器(倒车雷达),以及用于辅助驾驶的摄像头、毫米波雷达、激光雷达等。

(2)车身左侧

引导:引导客户走到车身左侧。

介绍:首先,介绍车身侧面设计特点(腰线、装饰等)、车身结构/材质特点(A/B/C 柱的材质和强度、车身结构刚性等)、车身装配/喷涂工艺(车身覆盖件接缝、车身漆面等);其次,介绍底盘构件/行走机构的亮点,例如前后悬架形式(独立/非独立)、制动器形式(盘式制动、自动驻车)、轮辐(材质和设计特点)、轮胎规格型号等;再次,介绍一些便于在侧面展示的便利性装备/功能,例如无钥匙进入、外后视镜自动折叠、车侧摄像头(全景影像系统)等。此外,针对电动汽车,可在此阶段着重介绍车型

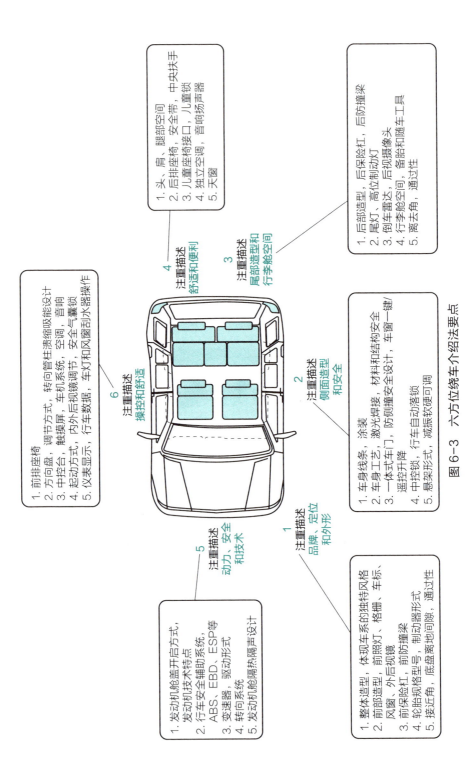

图6-3 六方位绕车介绍法要点

4 注重描述舒适和便利
1. 头、肩、腿部空间
2. 后排座椅、安全带、中央扶手
3. 儿童座椅接口、儿童锁
4. 独立空调、音响扬声器
5. 天窗

3 注重描述尾部造型和行李舱空间
1. 后部造型、后保险杠、后防撞梁
2. 尾灯、高位制动灯
3. 倒车雷达、后视摄像头
4. 行李舱空间、备胎和随车工具
5. 离去角、通过性

6 注重描述操控和舒适
1. 前排座椅
2. 方向盘、调节方式、转向管柱溃缩吸能设计
3. 中控台、触摸屏、车机系统、空调、音响
4. 起动方式、内外后视镜调节、安全气囊锁
5. 仪表显示、行车数据、车灯和风窗刮水器操作

2 注重描述侧面造型和安全
1. 车身线条、涂装
2. 车身工艺、激光焊接、材料和结构安全
3. 一体式车门、防侧撞安全设计、车窗一键遥控升降
4. 中控锁、行车自动落锁
5. 悬架形式、减振软硬可调

5 注重描述动力、安全和技术
1. 发动机舱盖开启方式、发动机技术特点
2. 行车安全辅助系统、ABS、EBD、ESP等
3. 变速器、驱动形式
4. 转向系统
5. 发动机舱隔热隔声设计

1 注重描述品牌、定位和外形
1. 整体造型、体现车系的独特风格
2. 前部造型、前照灯、格栅、车标、风窗、外后视镜
3. 车保险杠、前防撞梁
4. 轮胎规格型号、制动器形式
5. 接近角、底盘离地间隙、通过性

的"三电"系统，例如动力电池参数（电量、安全防护）、驱动电机（类型、功率）、热管理系统（液冷、低温预加热）等。注意，介绍过程中要鼓励客户靠近观察、动手感受，并伺机夸赞客户的气质与车型气质很匹配。

（3）车身后部

引导：引导客户走到车身后部。

介绍：首先，介绍车尾设计特点（强调与车身整体设计的协调及与车首设计相呼应）；其次，介绍外观可见的技术装备，例如组合尾灯（全 LED、流水式转向灯）、后风窗加热装置、超声波传感器（倒车雷达）等；再次，打开行李舱盖，介绍行李舱空间参数（后排座椅放倒/不放倒的纵深、宽度、高度、容积），展示备胎、随车工具/急救包、音响（低音炮）等，视情况展示备胎的拿取与固定、随车工具的用途。

（4）后排座

引导：引导客户走到车辆右后门处，为客户打开车门，请客户入座。

介绍：首先，介绍后排腿部空间、头部空间；其次，介绍后排座的设计特点（人体工程学、舒适性）、材质（真皮、环保材料）、工艺（缝线）和功能（手动/电动调节、加热/通风/按摩）；再次，介绍和展示便利性/舒适性装备，例如中央扶手和杯架、USB/Type-C/220V 电源接口、空调出风口（可调）等。注意，这一阶段要恰到好处地"保持沉默"，给客户留出自由体验的时间，同时，要引导客户提出问题并认真解答。此外，可以伺机与客户交流一些"题外话"，拉近相互间的关系，加强客户对你的信任感。

（5）发动机舱

引导：引导客户走到车首，打开发动机舱盖（或电动汽车前机舱盖）。

介绍：首先，介绍发动机舱的整体布置情况，包括碰撞吸能结构、发动机布置形式（横置/纵置）等；其次，介绍发动机（自然吸气/增压、排量、功率、转矩、热效率、油耗）、变速器的技术特点/参数；再次，介绍与发动机和变速器相关的一些使用常识，例如机油（牌号、换油周期）、变速器油（换油周期）等。此外，针对电动汽车，如果有前机舱储物槽，可以着重介绍，并附带介绍周围的一些装置，例如风窗清洗液储液罐，如果没有前机舱储物槽，可以忽略前机舱介绍。注意，在有关技术的问题上，如果你没有十足的把握，宁可少说也不要信口开河。一般情况下，简明扼要地讲出主要参数即可，没必要做详细解释，因为大多数客户也并不关心更深层次的技术问题。只要你态度诚恳、服务热情,即使专业知识上稍有不足,一般客户也不会挑剔。

(6)驾驶座

引导:引导客户走到车辆左前门处,为客户打开车门,请客户入座。

介绍:首先,介绍驾驶座的设计特点(人体工程学、舒适性)、材质(真皮、环保材料)、工艺(缝线)和功能(手动/电动调节、加热/通风/按摩、位置记忆、便利上下车);其次,围绕驾驶位介绍装备/功能,例如仪表板(全液晶屏、可显示多种信息、可切换多种显示主题/风格)、方向盘(手动/电动调节、功能键、加热)、安全气囊(双前、双侧、膝部、侧气帘)、内/外后视镜控制(位置调节/记忆、防眩目)、遮阳板(化妆镜、照明灯)、车窗控制、灯光控制、刮水器控制、车门/发动机舱盖/行李舱盖/加油口盖开启方式等;再次,介绍中控台部位的材质(搪塑、真皮、实木、铝合金、碳纤维)、空调控制键、音响控制键等,如果多数控制功能都集成在触摸显示器里,则着重讲解车载操作系统,以及相关的娱乐、导航等功能。注意,介绍过程中要多请客户动手操作体验,直观感受这些功能带来的舒适性和便利性。

综上,六方位绕车介绍法是一种系统全面的车辆介绍方法,整个介绍过程是销售顾问向客户展示职业素养的极好机会。但必须注意的是,实际工作中,切忌生搬硬套上述流程和方法,一定要根据现场氛围和客户意愿,把握重点、灵活运用。

6.5 绕车介绍的注意事项

1. 介绍前的准备工作

1)将方向盘调节至最高位置。

2)将驾驶座调节至最后位置。

3)所有座椅靠背调节至微倾位置。

4)前排乘客座调节至最前位置。

5)前排座调节至最低位置。

6)将收音机/音乐播放器调节至准备播放状态。

7）做好车辆内外清洁工作。

8）确保蓄电池电量正常。

2. 介绍过程中要注意的问题

1）必须先明确客户的来店目的和时间安排，确保介绍能从容完成。

2）必须明确客户对你推荐的车型的态度，明确客户是否需要绕车介绍。

3）介绍过程中要鼓励/邀请客户参与，并积极回应客户的问题。

4）着重介绍客户关注的性能与配置。

5）征询客户对所关注性能和配置的意见（未达预期/达到预期/超越预期）。

6）介绍完毕时感谢客户参与，并询问其是否需要试乘试驾。

3. 掌握"三个重点"和"四个围绕"

实践中，不少客户往往不按套路"出牌"，无法按六方位顺序介绍产品，这时该怎么办呢？只要你掌握了表6-3所示的"三个重点"和"四个围绕"，就能游刃有余地分解运用六方位介绍法，避免一厢情愿地滔滔不绝，吸引客户积极互动。

表6-3 产品介绍的"三个重点"和"四个围绕"

	项目	要领	话术
三个重点	①主动引导	运用专业、热情的语言、手势、表情主动引导客户	您看这款车的前照灯是不是设计得很有特色，您站在我这个位置，是不是发现造型很像××？而且整个轮廓线和车身线条完全融为一体
	②客户体验	只有让客户亲身体验，才能使他/她真正感受到车型的配置优势和品质	您坐进来感受一下，是不是很宽敞，头部和腿部空间都很大，跑长途坐着多舒服，像您这样身材魁梧的，坐着也完全不会局促
	③突出重点	抓住产品重点做介绍，善用关键词，才能避免客户不耐烦	您看这个前照灯，用的是矩阵式光源，不光看着大气，功能也特别实用，能自动切换远近光
四个围绕	①围绕客户需求	介绍的内容必须与客户的需求相结合，这样才可能使客户有兴致听你讲	您刚才说喜欢越野自驾游对吧，您看看我们这款车，不光有全时四驱，还有差速锁，脱困能力杠杠的

（续）

项目		要领	话术
四个围绕	②围绕六方位介绍	在照顾客户习惯和关注点的前提下，总体上还是要引导客户按六个方位来看车，这样就不会自乱阵脚	您看看后排，您先感受一下，这座椅舒适性不错吧，空间也够大，平常带家人出去玩绝对好用，您再看看这行李舱，又大又规整，带孩子出去放个儿童车都没问题
	③围绕客户意愿	介绍过程中多观察客户的行为和表情，客户感兴趣的点就多说，不感兴趣的点就少讲	
	④围绕FAB话术技巧	FAB话术技巧能帮你把产品的特性充分展示给客户，让客户更容易理解，进而迅速做出决策	您看这个全景影像，比倒车雷达、倒车影像都好用，车身四周的情况一目了然，您倒车的时候又省心又安全

4. 介绍后的总结

1）针对客户需求，总结产品优势，以及带给客户的利益/价值。

2）利用产品配置，把握客户关心的性能。

3）主动向客户提供产品说明、配置表并标注重点项。

4）不避讳谈及车型缺点，让客户感受到你诚实可信。

5）如果客户不是首次购车，可以对比客户的在用车来介绍，顺便了解在用车信息（开发置换业务）。

6.6 FAB 介绍法

1. 什么是 FAB 介绍法？

FAB 是三个英文单词的缩写，其中，F 代表 Feature（特征），A 代表 Advantage（优势），B 代表 Benefit（利益）。简单理解就是，介绍产品本身具有的特征、产品与竞品相比的优势，以及能给使用者带来的利益。换言之，FAB 法关注的是客户的"买点"，见表 6-4。

表6-4 FAB介绍法的含义及示例

F（特征）	A（优势）	B（利益）
＊产品的重要属性/功能，例如越野性能好、车内空间大、具有高阶辅助驾驶系统 ＊用某个事实、数据或信息来表示，例如底盘离地间隙有××毫米、接近角/离去角有××度、后排座椅放倒后行李舱空间能达到××升、腿部空间达到×拳、能自动变道超车、能自动泊车入位	＊产品相比竞品的优势，例如油耗/电耗更低、续驶里程更长、内饰材料更环保、座椅更舒适、质保售后政策更优 ＊重点在于促进客户做出放弃竞品的决策	＊指产品的某个特征带给客户的利益，例如越野性能好能让客户更从容地自驾游、车内空间大让客户能带家人舒适出行、高阶辅助驾驶系统能让客户在跑高速或泊车时更省心 ＊注意利益点必须针对客户需求 ＊重点是引导客户想象使用场景

2. FAB介绍法的应用原则

1）实事求是。介绍产品要以事实为依据，不能夸大其词，而靠故意贬低其他品牌产品来突显自己的产品更是不可取的。客户一旦意识到你在信口开河，就会对你失去信任，进而对你的言行产生戒心，让你很难再推进交易。

2）简洁易懂。产品的属性/功能包含很多方面，比如车身构造/材料、动力/制动/操控性能、自动制动/跟车/变道等，同时会涉及很多技术术语，这对绝大多数客户来说都是有较高接受和理解难度的。因此，讲解的时候要尽量结合实际使用场景，避免背资料、堆术语，多使用通俗易懂的白话和形象的比喻来表达。如果你自感这方面能力欠佳，就要多学习专业知识、多练习表达技巧、多请教优秀同事。

3）主次分明。不要把产品的特征和优势都一股脑地"抛"给客户，一方面是介绍时间有限，大多数客户不可能有耐心听你讲太多，另一方面是特征和优势太多了就等于没有，根本不会给客户留下深刻印象，或让客户有所感触。围绕客户的兴趣点和需求来展开讲解，核心需求重点讲，次要/衍生需求一句带过，才有可能牢牢"抓住"客户的注意力，让产品介绍达成你想要的效果。

3. FABF介绍法

FABF介绍法是FAB介绍法的"升级版"，FAB的含义不变，最后的F

代表 Function（功能/使用）。实际应用中，"功能/使用"就是通过设定真实使用场景来演示某个配置/功能的作用，使客户能直观感受到它带来的利益/价值。以自适应照明（ASF）功能为例，可以设计以下话术：您想想，晚上在照明条件比较差的路上，要是遇上连续转弯，是不是特紧张，生怕弯角里突然冒出个什么，根本来不及躲，这个自适应照明功能，就能在您打方向的时候，让车灯自动往那个方向转，把弯角照亮，这样转弯的时候心里就踏实多了。由 FAB 介绍法衍生出的方法还有很多，但万变不离其宗，都强调基于现实使用场景，围绕客户可感知的利益/价值来展开产品介绍。

6.7 恰到好处的竞品对比

汽车是长周期商品，在策划阶段、开发阶段和在售阶段，会有不同的竞品定义依据，并对竞品做出修正，具体见表 6-5。

表 6-5 不同阶段的竞品定义依据及定义目标

阶段	定义竞品的依据	竞品定义过程的目标
产品策划阶段	产品概念、市场定位	确立竞品、对标竞品
产品开发阶段	产品效果图、模型、原型车	验证、修正竞品
产品在售阶段	量产车实际市场竞争状态	监测、修正竞品

根据竞品与本品间的竞争强度，竞品还可做图 6-4 所示的分类。

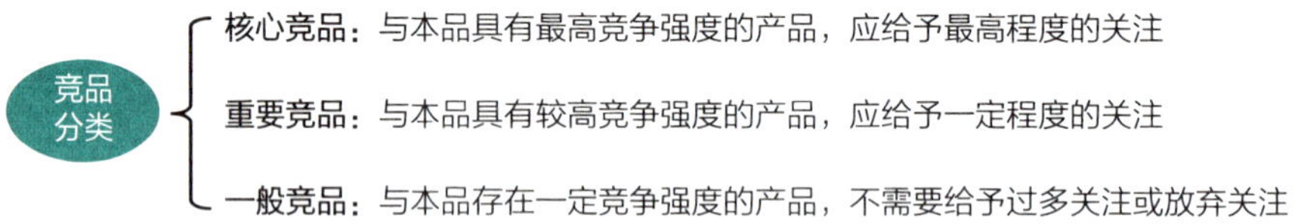

核心竞品：与本品具有最高竞争强度的产品，应给予最高程度的关注

重要竞品：与本品具有较高竞争强度的产品，应给予一定程度的关注

一般竞品：与本品存在一定竞争强度的产品，不需要给予过多关注或放弃关注

图 6-4 竞品分类

汽车经销店和销售顾问应当关注的是产品在售阶段的竞品分析与对比。作为销售顾问，结合工作需要，要认真思考：客户提出竞品对比时，我该怎样应对？通过竞品对比我能实现什么目标（达成什么效果）？在做竞品分析与对比前我应当了解和掌握哪些知识和方法？

1. 竞品对比的思路和方法

竞品对比的整体思路是"认清本品，了解竞品，找出不同，提升话术"。对比时要掌握的要点如下：

1）人无我有：强调本品有而竞品没有的装备/功能，例如竞品只标配前排正面安全气囊，而本品还标配了驾驶人膝部安全气囊/前排侧安全气囊/侧安全气帘等，可为驾乘者提供更周全的保护。

2）人有我优：对于本/竞品都有的装备/功能，找出本品的性能/使用优势，例如本/竞品都有驾驶辅助系统，竞品只有车道偏离纠正功能，而本品还有车道居中保持功能，性能更优；竞品需要通过车载操作系统进行设置才能关闭车道偏离纠正功能，而本品只需按下方向盘上的快捷键即可关闭车道居中保持功能，使用上更便利。

3）人有我新：对于本/竞品都有的装备/功能，如果直观上性能/使用优势不大，也可以强调版本更新，例如车载操作系统同质化现象比较严重，不同系统的直观性能/使用体验差异不大，不便于对比，此时可以强调本品的系统相比竞品的系统经过了更多次迭代更新，运行稳定性更好、系统安全性更高。

2. 竞品对比的实战策略

（1）不可消极回避

首次购车或准备用低端车置换高端车的客户，很可能对选择哪个品牌/车型心里没底，非常想听听你的专业见解，让你帮他/她克服"选择困难症"。这种情况下，如果你消极回避、闪烁其词，不愿意谈竞品，不愿意拿竞品作对比，客户就很可能认为你"心虚"，要么是专业知识不扎实，怕露怯，要么是对本品没信心，不敢比。如此一来，你就很难再赢得客户的信任，更遑论促成交易。

（2）不可主动提及

如果客户对汽车/品牌/车型一窍不通，根本想不到哪个车型能和哪个车型作对比，或者工作太忙没时间琢磨这些事，只是想找一款适合自己的车，那你就不要主动提起竞品，否则倒可能画蛇添足、节外生枝，让客户犹豫不决，甚至彻底离你而去。

（3）不可诋毁贬低

当着客户的面直接诋毁、贬低竞品，首先在"品格"上就掉了价，其次，如果客户原本对竞品有好感，就很可能引起他/她的反感，甚至导致不欢而散。

（4）不替客户下结论

客户提出的有关竞品的问题，既可能是他/她的"真实困惑"，也可能是他/她给你挖的"坑"，如果你不搞清他/她的真实想法/目的，不加思考就妄下结论，就可能招致他/她的反感。聪明的销售顾问会始终牢记自己的"参谋"角色，你的工作职责是针对客户的需求和问题提出解决方案，不是替客户下结论、做决策。

（5）探明客户对竞品的了解程度

如果客户主动提起竞品，而且对它如数家珍，那你就要小心了，这说明他已经在竞品上费了不少心思，而且竞品很可能是他的"初恋"。这种情况下，你应当先了解他/她为什么会关注竞品，又为什么会犹豫不决，再根据他/她的回答选择引导的策略。

（6）了解客户的选择偏好与动机

客户对竞品的看法到底是怎样的？在本品与竞品之间，他/她究竟更倾向哪一个？如果他/她更倾向本品，那就顺着他/她的意思，问他/她觉得竞品有什么缺点，本品的哪些优点打动了他/她；如果他/她更倾向竞品，不要直接反驳他/她，要追问他/她为什么更倾向竞品，青睐竞品的哪些特征/功能。

（7）先迎合客户见解再做引导

在了解了客户对竞品的真实态度后，你就要尝试为建立本品优势做铺垫，引导客户一步步"倒"向本品。比如你可以问客户："您既然那么喜欢××品牌××车型，为啥没直接下订呢？"客户可能会说："其实不是车不好，就是他们那家店的销售态度太差了，就说没现车，得等好几个月，一副爱答不理的样。"此时，你可以点头表示认同，再附和两句："真是，太不像话了。前两天我接待过一位客户，也是从他们店过来的，跟你一样特喜欢那款车，结果弄得一肚子气，最后还是从我们这儿买了。"如此一来，客户大概率会对你好感倍增，促成交易也就成了顺水推舟。

第 7 章
做好车辆试乘试驾服务

导 读

  作为常用的车辆动态展示方法,试乘试驾能补充和升华静态展示与介绍内容,直观激发客户的购买欲,实现"让客户自己说服自己"的销售境界。

  试乘试驾分为三个阶段、五个步骤,试驾前要精心做好车辆、人员及方案的准备,试驾中要关注客户的感受、引导客户的倾向,试驾后要做好总结评估、亮点强调,择机引入签约阶段,达成销售目标。

7.1 试乘试驾的目的与基本流程

1. 目的

1)"让客户自己说服自己"。怎样向客户展示汽车的特性和品质效果最好？静态展示再精致，绕车介绍再生动，也不如请客户亲自坐一坐、开一开来得直观和深刻。通过试乘试驾，客户能全面、感性地了解车辆的动力性、操控性和舒适性，通过亲身体验建立对产品的认同，更容易做出购买决策。

2)增进与客户的信任关系，进一步掌握客户购车背景信息。试乘试驾的过程，是你"带"着产品（车）与客户"独处"的过程，几乎排除了所有外界干扰，如果你能抓住时机，积极热情地与客户交流，就能迅速增进信任关系，进而获得更多有关客户购车动机和需求的信息。

2. 基本流程

经销店基本试乘试驾流程见图7-1，试驾专员主导的试乘试驾流程见图7-2，销售顾问主导的试乘试驾流程见图7-3。

3. 五大步骤

第一步：试驾前准备。提前规划、勘查、选定试乘试驾路线，试驾车辆和试驾主导人员

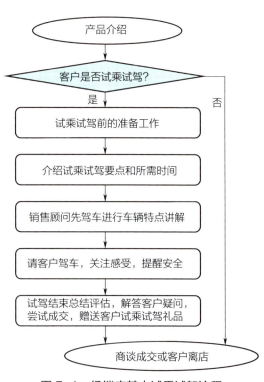

图7-1 经销店基本试乘试驾流程

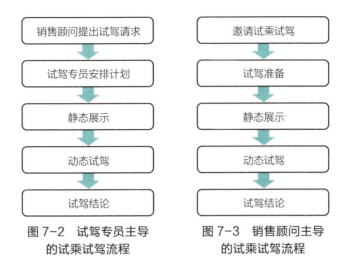

图 7-2 试驾专员主导的试乘试驾流程　　图 7-3 销售顾问主导的试乘试驾流程

（销售顾问或试驾专员）的准备，试乘试驾相关手续的准备和签订。

第二步：试驾前介绍。试乘试驾车辆处于静止状态时，向客户讲解驾驶/操作注意事项、安全注意事项以及路线。

第三步：销售顾问/试驾专员驾车讲解。销售顾问/试驾专员做演示性驾驶，客户乘坐体验，里程（时间）控制在全里程（时间）的1/3。

第四步：客户驾车体验。确保安全的情况下靠边停车，与客户换位，请客户亲自驾驶，感受车辆性能，同时做必要提示和讲解。

第五步：试乘试驾后评估总结。了解客户感受，以及对车辆性能的基本评价，视情况推进到报价谈判阶段。

7.2 试乘试驾前的准备工作

1. 做好十二项基础准备工作

① 车辆内外整洁且内饰空气清新。

② 车辆状况良好。

③ 车辆空调正常且车内保持舒适温度。

④ 剩余燃油量≥1/2总载油量，剩余电量≥70%SOC。

⑤ 车辆音响系统正常且备好适宜的音乐。

⑥ 备好瓶装水和记事便签。

⑦ 备好客户试乘试驾评估表。
⑧ 备好试乘试驾路线图。
⑨ 车辆保险齐备有效。
⑩ 查验并复印客户身份证。
⑪ 查验并复印客户驾驶执照。
⑫ 与客户签订《试乘试驾协议书》。

2. 具备八项技能和素质

① 熟悉生产厂家及其品牌文化。
② 对品牌高度忠诚。
③ 具备优秀的驾驶示范能力。
④ 熟悉试乘试驾车辆性能优缺点。
⑤ 爱护并规范使用试乘试驾车辆。
⑥ 良好的语言表达能力。
⑦ 熟练掌握商务礼仪。
⑧ 了解竞品车型的优缺点。

3. 掌握邀约客户试乘试驾的八项成功要素

① 主动邀请客户试乘试驾。
② 了解客户时间需求并妥善安排。
③ 向客户说明试乘试驾目的。
④ 消除客户对产品的疑虑。
⑤ 了解客户原用车辆的情况。
⑥ 了解客户对原用车辆的评价。
⑦ 降低原用车为高端车客户的期望值。
⑧ 引导原用车为低端车客户的关注点。

4. 掌握试乘试驾车辆静态介绍八项要点

① 车辆造型设计特点，车身结构和材质，轮辋/轮胎，悬架系统，制动系统。
② 打开发动机舱盖，介绍发动机特点，引导观察发动机舱布局。

③展示车门开闭、车门锁控制、车门窗升降,打开行李舱盖并展示空间。

④起动发动机,让客户感受怠速运转品质(电动汽车上电,让客户了解上电状态)。

⑤变换档位,让客户体验换档操作。

⑥介绍驾驶相关的车内装置功能和操作注意事项。

⑦介绍仪表板上的重要指示信息。

⑧解答客户关心的其他问题,例如加油、充电等。

需要注意的是,以上介绍内容要根据展厅静态介绍的情况灵活筛选组合,展厅静态介绍时已经详细讲解的内容可以省略,只强调适合动态展示的、与试乘试驾直接相关的要素。

5. 了解试乘试驾中的五项沟通重点

①试乘试驾路线、路况和所需时间,着重强调安全注意事项。

②试乘试驾过程的安排,先试乘后试驾的理由,换手位置与时间。

③坐在车内时,介绍内饰设计和材质特点、空间感受、主要配置。

④演示讲解座椅、方向盘、安全带、内外后视镜、驻车制动器、风窗刮水器、空调、音响等的调节/操作方法。

⑤引导客户感受车辆运行/行驶品质。

6. 了解邀约客户试乘试驾的三个时机

①当客户对产品表现出较大兴趣,主动提出试乘试驾时。

②当客户对产品表现出一定兴趣,但对你的介绍有疑虑时。

③当客户对产品有偏见或误解,你需要澄清或解释时。

试乘试驾流程各环节的具体准备工作,见表7-1。

表7-1 试乘试驾流程各环节具体准备工作

准备事项	内容摘要
车辆准备	• 试乘试驾车辆,应选用最新款、最高配置型; • 车辆必须处于"零缺陷"状态,确认摘除出厂时的保护套/罩等; • 车身内外整洁无尘,玻璃和各镜面无水痕,漆面无缺陷; • 各项性能正常,剩余燃油量不少于1/2总载油量; • 仪表、各功能开关、辅助设备均正常; • 车辆钥匙(遥控器)、手续及登记表完备,车头朝车位外停放

（续）

准备事项	内容摘要
人员准备	• 主导人员具备驾照（准驾车型与试乘试驾车型相符）且驾驶技术娴熟； • 如果由试驾专员主导，则要确保专员随时在岗，能及时安排； • 在与客户约定的来店时间前 1 小时与客户电话确认； • 对试乘试驾过程中要讲解的内容和常见突发情况做预案
路线规划	• 销售经理负责规划试乘试驾路线并在地图上标示； • 尽量选择能充分发挥车辆优势且保证行车安全、车 / 人流量少、交通信号灯 / 监视器少的路段； • 路线长度根据所处区域设计； • 如果试乘试驾车辆是 SUV/ 越野车，则可选择路况稍复杂的路段
内容设计	• 根据前期对客户需求的了解，确定试乘试驾的关注点； • 在不同路况下（直线 / 转弯 / 上坡 / 下坡 / 起伏）体验性能； • 在不同天气下（雨 / 雪 / 雾）体验性能； • 提前准备引导客户体验的策略和话术
手续准备	• 客户的驾照、身份证及其复印件； • 车辆行驶证、保险单齐备有效； • 填写《客户试乘试驾登记表》（经销店自备）； • 签订《客户试乘试驾协议书》（经销店自备）； • 备好《试乘试驾评估表》（经销店自备）

7.3 试乘试驾过程的工作要领

1. 试乘试驾前的介绍与说明

试乘试驾阶段，可以用相比展厅静态介绍更"实战化"的方式，结合客户需求和兴趣，简明扼要地再次指出核心"买点"，同时着重讲解与驾驶和乘坐直接相关的各项功能的操作 / 调节方法等。此外，对于驾驶规范和行车安全问题要高度重视，不仅介绍说明阶段要特别强调，试乘试驾过程中发现有危险状况或客户操作不当时，也要及时提醒和叮嘱，尽可能避免发生意外。

实际上，试乘试驾阶段的介绍与说明发挥了两方面作用：其一，进一步刺激客户决策，"实战化"的场景有助于加深客户对产品"买点"的认知，使客户越发青睐产品或者消除对产品的误解；其二，起到"就车培训"的作用，"实战化"的场景能促进客户快速掌握基本操作方法，熟悉驾驶氛围，有助于开展后续的试乘试驾体验引导，也有助于确保行车安全。

2. 试乘过程的演示引导

1）先邀请客户坐入副驾驶位（客户有随行人时，按其意愿安排座位），然后自己坐入驾驶位。接着向客户大致介绍试乘试驾路线、耗时、沿途路况，以及与客户换位的路段/位置。

2）全车人员落座后，销售顾问先要有意识地引导客户体验空间大小、车内正向和侧向视野大小、座椅舒适度、内饰材质和工艺等，然后起动发动机，引导客户感受发动机怠速运行品质，以及车内振动和噪声的抑制情况。

3）引导客户体验上述项目后，可以视情况再次强调车门窗、车门锁、方向盘、座椅、内外后视镜、仪表、变速杆、驻车制动器的操作/调节方法。如果客户感兴趣，还可以简要讲解仪表上的各种指示标识的含义。

4）准备出发前，提醒客户系好安全带，视情况再次强调安全注意事项。低速行驶时，引导客户感受车内振动和噪声抑制情况；加速/减速时，引导客户感受换档平顺性、推背感（动力性）、制动稳定性；转弯时，引导客户感受侧倾幅度（悬架支撑性）和车身稳定性。

5）在提前确定的路段/位置按交通法规要求寻找安全点位驻车，并与客户换位。客户坐入驾驶位后，帮助客户调整座椅、方向盘、内外后视镜位置，引导客户感受座椅的舒适度，以及各方向视野。提示客户系好安全带，引导客户操作与驾驶相关的主要功能。

3. 试驾过程的体验引导

试乘试驾车辆各方面性能体验需要匹配的路况，见表7-2。

表7-2 试乘试驾车辆性能体验与路况匹配

车辆性能	路面选择	车辆性能	路面选择
平顺性、舒适性	铺装和维护质量较好的沥青路	高速行驶品质	高速公路、城市快速路
动力性	城市快速路、穿城高速公路的少车路段	城市行驶品质	市内少车少人街道
操控性	缓和的弯道、多车道公路	制动性	铺装和维护质量较好的沥青路

1）低速行驶体验。引导客户感受转向助力的增益和阻尼，感受加速踏板和制动踏板的阻尼，感受动力系统和制动系统的响应性，感受驶过减速带/

坑洼路面时的悬架缓冲和振动抑制，感受座椅的包裹性，感受驾驶视野。此外，注意提示客户在转向和变道时打开转向灯。

2）中高速行驶体验。在车流量较小的路段建议客户加速，引导客户感受动力系统的响应性，感受加速带来的推背感，通过持续加速感受动力储备，感受转向助力的变化，感受行驶稳定性和舒适性，感受不同速度下车内噪声的抑制程度。

3）转弯体验。选择不同角度的弯道，引导客户感受转向助力在弯道中的变化，感受车身的侧倾幅度/悬架的支撑性，感受过弯的稳定性，感受座椅的支撑性。

4）制动体验。在不影响其他车辆且确保安全的情况下，建议客户尝试进行缓慢制动和紧急制动操作，引导客户感受制动系统的响应性，感受制动过程中的车身稳定性和可控性，估测制动距离。

4. 驾乘过程中的沟通要点

1）适时适度主动沟通，活跃气氛。在客户试驾过程中，一定要在不干扰客户驾驶体验的情况下主动沟通，引导客户体验，比如即将驶入一段畅通的直道时，你可以说："前面是段大直道，车少，您可以试试直线加速，感受一下动力。"，比如刚刚驶出一段弯道时，你可以说："刚才那个弯道您感觉怎么样？侧倾是不是挺小的？特别稳当。"总体而言，表达上要点到为止，以引导客户亲身感受为主。

2）照顾好客户的陪同人。试乘试驾过程中，不要怠慢陪同客户的家人和朋友，因为这些人的感受和意见，也会直接影响客户的决策。在客户专注于驾车体验的时候，可以伺机多与陪同人沟通，像引导客户一样引导他们的感受，或者视情况聊一些"题外话"拉近关系。如果陪同人能获得良好的体验，对你留下良好的印象，必然会对你后续的销售形成助力。

7.4 客户不同反应的应对与处理

很多情况下，客户不会完全按照你的指导去操作，更不会完全按照你的引导去感受，因此很可能得出与你预期不一致的评价和结论，这对你的应变能力和沟通能力都是一种考验：为保证行车安全、确保沟通气氛轻松友好，面对客户的质疑和负面评价,千万不要急于辩解,更不能做出影响客户驾驶的举动,要尽可能保持冷静的心态,用平和的语气一步步尝试说服客户。

客户的反应其实无外乎满意或不满意。

客户表达/表现出不满情绪,要么源于车辆的某些性能/特性没有达到或偏离他/她的预期,要么源于你没能帮他/她消除疑问和顾虑。这种情况下,你要设法及时了解缘由,不要急于反驳,也不要让话题停留在客户的结论上,而是要陈述事实,通过事实去说服客户。

> "您真是行家,这么小的问题,好多客户都根本注意不到。"
> "太巧了,我正打算和您说说这个问题呢!"
> "您观察得还真仔细,这个问题别的客户也反映过,他们觉得……"
> "您是对这车的性能不太满意?还是觉得试驾时间太短了?来,您这边坐坐,咱们详细聊聊……"

客户表达/表现出满意情绪时,表明车辆的性能/特性符合甚至超出了他/她的预期,他/她的疑问和顾虑也基本被消除,这时你就要不失时机地引入促交话题,趁热打铁。这一过程中,仍然不要忘记适度夸赞客户(包括驾驶技术、品位、行车素质、交通安全意识等方面)并强调客户关注的车辆优点和特性。如果客户表达/表现出犹豫不决的情绪,就说明你还没能完全消除他/她的顾虑,或者你此前对他/她的需求判断有一定偏差,这时千万不要气馁,只要客户还愿意与你交流,就说明"成交的大门"是敞开的,你要做的是运用前文所述的需求挖掘和引导技巧,进一步地帮助客户明确需求和意向。

> "看来您对这车挺满意呀,我们这两天正好有按揭优惠,要不我先给您报个价?"
> "您能说出这个感受就说明您是真懂行,对了,您打算选个什么颜色?这车我记得白色的正好有现车。"
> "前几天有个从我这提车的客户来做保养,他说周末和朋友一起自驾游,试了试朋友那台××,您猜怎么着?他说咱这车加速一点儿都不比××差,高速还更稳当,跟您今天的体验一模一样。"

7.5 试乘试驾后的反馈评估

1. 试乘试驾结束后要做的事

1）主动询问客户对车辆的评价,对于负面评价先表示理解再视情况化解。

2）引导客户填写《试乘试驾评估表》,如果评价结果为好或非常好的项目达到70%左右,可提议进入报价谈判环节。

3）对于仍然犹豫不决或对试驾过程不满意的客户,先耐心厘清问题,再视情况尝试解答。如果问题无法当场解答或超出了你的能力/权限,则做好记录,承诺在回访时给予客户满意答复。

2. 填写《试乘试驾评估表》

经销店开展试乘试驾服务的目的,就是通过给客户留下良好的产品和服务印象,来促使客户建立购买信心。因此,试乘试驾结束后,销售顾问一定要做好客户的满意度征询工作,尽力引导并辅助客户填写《试乘试驾评估表》(表7-3,表中所列项目仅供参考,要根据所销品牌/车型特点灵活调整)。

表7-3 试乘试驾评估表

客户姓名		联系电话	
职　业		驾　龄	
销售顾问		评估日期	
评估车型		行驶里程	

类型	评价项目	评价结果				备注
		非常好	好	一般	差	
外观	造型设计					
	车身尺寸					
舒适性	驾驶座					
	乘客座					
	振动噪声抑制					
	悬架					

（续）

类型	评价项目	评价结果				备注
		非常好	好	一般	差	
舒适性	空调					
	音响					
驾驶性	仪表可视性					
	座椅/方向盘/后视镜调节便利性					
	转向助力					
	各向视野					
安全性	行驶稳定性					
	制动效果					
动力性	加速/动力响应					
	动力-传动匹配/换档平顺性					
内饰	材质					
	工艺					
	空间感受					
	功能操作/调节便利性					

7.6 试乘试驾效果的改善

1. 试乘试驾的利与弊

不少经销店明知道试乘试驾对促交大有裨益，却不愿意做或敷衍着做，究其原因，人车安全和事故责任划分是第一大拦路虎。

试乘试驾过程中出现事故屡见不鲜，轻则车损纠纷，重则车毁人亡。那么，导致事故频发的根本原因是什么呢？

1）很难准确把握客户的驾驶水平。原本"生手开生车"的情况就已经很让人头疼，如今又存在很多只试不买的"自媒体人"和"爱车人"，在徒增店端人力物力成本的同时，也给试乘试驾过程带来了更大的安全风险。

尽管大部分经销店会对客户进行驾驶资质审核，但通常仅限于驾龄，而实际上，拿驾照三四年却一直没摸过车的"首次购车者"大有人在，这类人的驾驶水平可想而知。

因此，为规避风险，经销店一般还会要求试驾者签署《试驾协议》，规定"试驾过程由于试驾人的过错造成的任何人员伤亡、车辆损坏等情况，相关责任和损失赔偿由试驾人承担"。可现实中，真出了重大事故，涉及仲裁或诉讼时，责任的判定和划分并不会这样简单。

此外，站在试驾者的角度，大多数人对试乘试驾的风险认识不足，在他们看来，试乘试驾一般都是固定路线，车少路况好，又有试驾专员或销售顾问指导辅助，不会出什么问题。这就导致了这些人在试驾过程中很容易麻痹大意，忽视安全问题，这显然也会增大事故风险。

2）没有专业的试驾专员，习惯于让销售顾问"充数"。有些经销店虽然有试驾专员，但并不会让他们接受专业培训，这些试驾专员相比一般驾驶人，可能只是经验丰富一点、做事稳当一点，实际上并不具备把控和处置危险状况的技能。

最可怕的是根本没有试驾专员，都是让销售顾问"充数"的情况。销售顾问不仅要向客户演示操作方法、解答客户的问题，还要"处心积虑"地琢磨怎么促成交易，必然是一心多用，就算驾驶技能娴熟，也难保万无一失。

3）生产厂家的专业驾驶培训对店端的试驾专员和销售顾问形成了误导。很多试驾专员和销售顾问在参加过生产厂家的专业驾驶培训后，都有自己"试一把"的冲动，也想在客户面前露一手，殊不知，这一冲动就成了很多试驾事故的导火索。

2. 设计试乘试驾内容的原则

试乘试驾的目的是什么？是让客户深刻认识到产品的价值，以及与自己需求的匹配度。因此，设计试乘试驾内容就要围绕满足客户需求和呈现产品价值展开。

提供试乘试驾服务前，你要了解客户的具体需求，进而在试乘试驾过程中稳稳地击中客户的痛点、解决客户的疑虑。如果客户是家庭主妇，买车主要是接送孩子和日常采购，那你带她去体验加速、紧急制动、过S弯就完全没有意义。她真正关心的是什么？可能是全景影像用着方不方便、能不能让车里的空气保持清新、儿童安全锁怎么设定等这些问题,你只要切中要害地让她感受到这些价值,就不愁把车卖出去。

3. 销售顾问要与试驾专员配合

不少销售顾问在做试乘试驾时会把客户"甩"给试驾专员,自己去忙别的,等客户返回后填个调查问卷就万事大吉,这就让试乘试驾完全失去了意义。

试驾专员根本不了解你的客户关心什么、想要什么、哪儿有疑虑,他的工作就是安安全全地带着客户走一圈,至多是把标准介绍话术"啰嗦"一遍,对客户来说就像"耳旁风"一样,起不到任何促进决策的作用。

只要条件和时间允许,销售顾问就应该和试驾专员一同配合做试乘试驾,试驾专员负责驾驶和操作演示,销售顾问负责答疑和交流,分工明确,各尽其责,一是有助于确保安全,二是能让客户获得一种尊崇的感受,三是能把试乘试驾的作用发挥到极致。

此外,在客户眼里,试驾专员就是技术专家,不少高端品牌对这个岗位的定义也呼应了这种现实情况,试驾专员配合销售顾问去做一些技术性的解释,客户会更容易接受。

4. 勤于归纳总结才有可能提升

笔者常听说有些经销店会开"客户战败总结会""成交冠军表彰会",却很少听说他们开"试乘试驾总结沟通会"。试乘试驾是促单效果非常好的一个销售动作,针对不同类型客户设计什么方案、项目、话术,试驾专员和销售顾问应该怎么配合,这些问题都应当认真去做归纳总结。

实践经验表明,销量的提升是经销店运营中的每个细节相互促进的结果,市场大环境好的时候,这些细节你可以不管,因为"放在风口上,猪都会飞",至多是赚多赚少的问题。可现实是,现在大环境不好,未来的竞争只会越发惨烈,不重视细节就会丧失竞争力,迟早会被市场淘汰。谁能抓住的细节更多,谁把细节做得更好,谁才有可能成为最后的赢家。

第 8 章
做好成交洽谈与异议处理

导 读

完成了展厅接待、需求了解、产品介绍和试乘试驾环节，就来到了最关键的一步——成交洽谈。这就像足球比赛，经过多次传球，球已经逼近球门，只差临门一脚。

进行成交洽谈时，销售顾问要控制好节奏，把握好时机，抓住客户的痛点，放大购车的价值和利益，因势利导，及时捕捉客户流露出的成交信号，促使客户尽快签单。

8.1 成交洽谈的基本流程

产品介绍和试乘试驾结束后，如果客户表现出浓厚兴趣，并且你评估认为产品能满足他/她的需求，就要尝试询问客户的签单意向，如果客户决定签单，就可以进入成交洽谈环节。

1. 销售顾问的主要工作

销售顾问要充分利用已经与客户初步建立的信任关系，以及客户的兴趣点，视情况推进邀请洽谈、商谈报价和签订合同等步骤。成交洽谈的基本流程见图8-1。

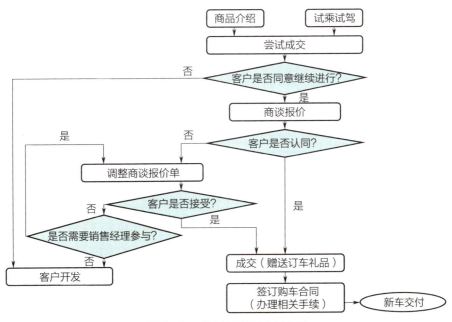

图8-1 成交洽谈的基本流程

2. 销售顾问的工作要点

1）视情况自然、亲切地邀请客户到洽谈区，避免给客户造成压力。

2）提前查看洽谈区，确保环境整洁，注意利用灯光和背景音乐营造舒适氛围，视情况备好茶饮、点心和糖果。

3）备好洽谈可能需要的资料和工具，例如车型配置表、产品报价单、精品装饰单、保险估算单、按揭估算单、计算器和订车合同等。

4）再次确认客户拟购的车型、颜色、配置、装饰及其他增值服务情况，填写销售单。

5）灵活运用各种报价方法（详见后文），用"感性利益"刺激客户购买欲望，让"理性利益"超越客户预期（售后保障和二手车保值），明确最终价格，综合运用价格砝码（精品礼物）和服务补偿（售后服务代金券）求得客户认同。

6）询问客户支付方式（刷卡/转账/电子支付/现金），提前说明不同支付方式要注意的问题，例如刷卡可能产生一定服务费。

7）洽谈成功后，将客户所选车型、颜色、配置及附加条件等在购车合同中写明。引导客户缴纳订金、留存必要凭证（身份证复印件、订车合同）和联系方式，然后恭送客户离店。

3. 客户的期望

1）希望销售顾问能站在我的角度考虑问题，提供适合我的销售方案。

2）希望销售顾问能给我充分的考虑时间，而不是不断催促我做决定。

3）希望销售顾问明确告知我车价的构成，比如裸车价、购置税、保险费、上牌费及其他增值服务费等。

4）希望销售顾问明确告知我有没有现车，以及没有现车的情况下提车周期是多久。

4. 不同情况的应对原则

在成交洽谈环节，通常要面对"没有异议爽快下单""略有异议沟通下单""异议较大沟通无效""没有异议因故暂缓"四种情况，相应的处理原则见图8-2。

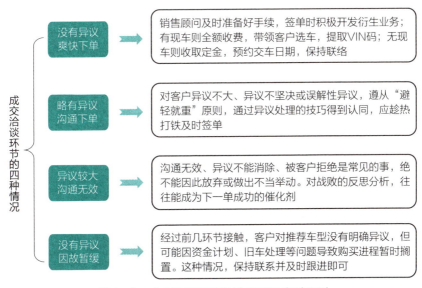

图 8-2 成交洽谈环节常见情况及应对原则

8.2 积极面对和分析客户异议

俗话说"褒贬是买主",意思是真想买的人必然会挑剔,换言之,客户的异议往往是成交的信号。实际上,在整个销售过程中,客户的异议无处不在,只要你能因势利导、成功化解,异议就会转化成"订单"。积极面对异议、正确化解异议,是优秀销售顾问的必备能力。

1. 异议的类型和根源

分清异议的类型,找出背后的根源,是妥善化解异议的前提。

1)真实的异议:客户对产品、服务人员、服务过程真实存在异议。从根源上分析,它又有两方面,对产品的特征/特性不清楚、有误解,认为已推荐的产品不能满足自己的需求,从而产生异议;对销售顾问的外在形象、言语表达、服务态度、专业素养等不满意,从而产生异议。

2)虚假的异议:提出异议也可能是客户的一种推脱或议价策略。如果本意是推脱,既可能是客户由于自身原因确实不想买,也可能是客户对经销店或服务人员有抵触;如果本意是议价,就说明客户基本坚定了购买意向,只是希望争取更多利益。

3）基本处置策略：

①先从异议的内在逻辑进行判断，如果与购车事宜直接相关或相关性强，则大概可归为真实异议；如果与购车事宜毫不相关或相关性弱，则大概可归为虚假异议。

②先对客户提出异议表示理解（注意，不是认同客户的观点），观察客户的反应，如果客户继续积极与你互动，则基本能判定是真实异议；如果客户无动于衷或互动不积极，则基本能判定是虚假异议。

③如果客户只是表现出模棱两可的状态，没有明确表达观点，可视情况询问："我看您好像还有点儿犹豫，您觉得哪儿还不太合适呢？"如果客户有真实异议，一般会正面回答。

2. 可能引发异议的销售顾问自身问题

1）形象气质和表达方式没能赢得客户好感。对于销售岗位，形象气质和社交技巧都很重要，如果客户对你看不顺眼、听不顺耳，要么根本不会对产品产生兴趣，要么就是另寻他处购买。

客　　户："这车确实不错，就是只有倒车雷达，没有全景影像，用起来差点意思。"

销售顾问："顶配的倒是有全景影像，不过贵了两万，您这个预算够不上。"

客　　户："什么意思？你是说我预算太少？还是觉得我掏不起这点钱？"

销售顾问：……

2）夸大其词或虚假承诺。有些销售顾问为了冲业绩、尽快促交，会在介绍产品和服务时夸大其词，甚至做出价格优惠和售后服务方面的虚假承诺，这种行为被客户发现或戳穿后显然会引发尴尬和矛盾，轻则导致后续洽谈处于被动局面，重则导致客户拂袖而去甚至投诉纠纷。

销售顾问："您看这车的内饰，都是真皮的，特显档次。"

客　　户："不可能吧！不到8万块的车怎么可能都用真皮？"

销售顾问:"是,有一部分是仿皮的,不过摸起来跟真皮也没什么区别。"

客　　户:"仿皮跟真皮差远了!你这不是误导吗?"

销售顾问:……

3)对竞品恶意诋毁贬低。很多销售顾问不会灵活运用、合理表达本竞品差异,只会机械性地复述厂家培训资料,甚至带着个人情绪"添油加醋"地诋毁贬低竞品,这会导致大多数客户的反感。正确的策略是先摸清客户对竞品的态度,在肯定客户见解的基础上,通过有技巧地讲解本竞品差异,让客户意识到本品更符合需求,或能带来更大利益。

4)专业术语使用过多。有些销售顾问由于经验不足,或纯粹出于"炫技"的心态,在介绍产品时总是堆砌专业术语,这不仅无法突显专业素养,还会导致客户丧失兴趣甚至反感。正确的做法是多使用通俗易懂的词汇和表达方式,即使表达得不严谨或稍有偏差也无伤大雅,因为最重要的是让客户能轻松地接受和理解。

5)与客户争风逞强。与客户交流时,有些销售顾问时时处处都要"占上风",客户表达出一点异议,他们就马上"狡辩"或"反击",还有些销售顾问总觉得自己比客户懂得多,东拉西扯滔滔不绝,不给客户表达的机会。销售顾问的基本功是"倾听",让客户感受到尊重、尽兴地表达自己的观点和想法,才可能获得客户的信任,了解客户的真实需求,进而切中要害地匹配产品和服务。

6)所推荐产品与客户需求或预算匹配度低。有些销售顾问"好大喜功",执意向客户推荐需求不匹配或超出客户预算的"高利润"产品。如此一来,客户大多会觉得你不能理解他/她的心意,不愿再和你交流。

3. 客户表达异议的常见类型

1)百般推脱型。有可能是短期内确实没有购车需求,只是先走马观花地了解市场状况,这种情况下,相对合适的处理方法是留好资料和联系方式,按照管理潜客的方法适时跟踪回访。也有可能是"缓兵之计",这种情况原因相对复杂,如果是预算与理想车型不匹配,囊中羞涩,可以尝试推荐金融方案或视情况推荐其他产品;如果是时间紧张,不愿在选车上浪费时间,可以尝试"单刀直入",高效引入签单环节,针对这类客户做好服务,成交率会很高。

客　　户："先这样吧，我再看看别的。"

销售顾问："没问题，货比三家嘛，您多看看没坏处，您方便的话，可以留个联系方式，想起什么问题您随时找我，我这边有适合您的产品或者活动也方便给您推荐。"

客　　户："这车确实不错，不过有点超预算了。"

销售顾问："您要真中意的话，我可以帮您再申请点优惠，精品装饰什么的咱们也可以谈，另外您可以做个按揭，现在有两年无息的政策，特划算。"

2）沉默寡言型。这类客户只是含糊表达异议，不愿多做交流，此时沟通难度较大，必须要耐心且细心。基本应对策略是多提出容易作答的选择性问题，比如"您是不是觉得这车后排空间有点小？"，同时注意观察客户的表情和肢体动作，从而判断客户的真实想法，做出合理应对。

3）犹豫不决型。这类客户不同于"沉默寡言型客户"，他们可能很愿意表达自己的想法，但要么缺乏主见，要么不掌握最终决策权，进入成交洽谈环节就开始犹豫不定。基本应对策略是"退后一步，留出空间"，询问客户还有哪些想了解的问题或还有哪些顾虑，挖掘出真实原因再做引导。

4. 客户异议的价值

①通过异议了解客户的真实需求。
②通过异议收集更多影响客户决策的信息。
③通过异议修正自己的销售策略和话术。
④通过异议找到成交机会。

8.3　妥善处理异议的方法

1. 异议处理通用公式

无论客户提出什么异议、以什么方式表达异议，只要合理运用异议处理通用公式"认同＋赞美＋转移＋实例＋签约导入"，就有可能让异议迎刃而解，见图8-3。

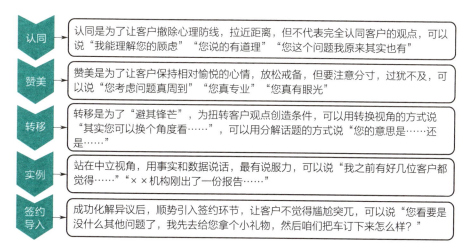

图 8-3　异议处理通用公式具体内容

2. 异议处理四步骤

第一步，理解共情——表示理解客户提出异议，与客户建立共情。注意，这并不代表要完全认同客户的观点。理解和共情的目的是为后续的进一步沟通和引导建立和谐气氛，同时为必要的转折做铺垫。

第二步，中立化表达观点——站在中立或客户的视角阐述自己的观点，避免使客户产生抵触情绪。

第三步，探寻异议真相——在交流中探寻异议的根源和客户的真实目的，及时调整应对策略，为提出解决方案打基础。

第四步，给出方案建议——根据前面步骤的分析和判断，提出解决异议的方案，寻求客户认同。

3. 异议处理实用方法

1）忽略法。对于无关紧要的、客户明显不急于寻求解决的异议，可以忽略，暂时不做正面回应。有些异议可能只是客户拒绝的借口甚至是自说自话，比如"我不太喜欢这个颜色""我回家商量商量"等，可以微笑点头或简单回应，不需要费时间追问。

常见的适用忽略法的异议：①最终决策权不在客户；②与事实严重不符的问题；③过于专业的技术性问题；④后续交流中会涉及的问题；⑤违背常识常理的问题。在销售实践中，这类异议可能会占到80%左右，忽略是最好的方法。

2）转化法。尝试把客户提出的"缺点"转化为"优点"，前提是优点合情合理且确实存在，比如客户提出"这车的轮胎好像窄了点"，你可以说"您放心，抓地力肯定没问题，而且窄点还能省油"，再比如客户提出"这车是不是有点太花哨了"，你可以说"这才显得您年轻时尚嘛"。采用转化法要注意时机和分寸，不能让客户反感。以下转化思路供参考：动力指标没优势→油耗低，使用成本低；行李舱空间小→驾驶舱空间大，乘坐舒适性好；内饰用料一般→皮实耐造，使用省心；外观造型没特点→经典不过时，二手保值率高。

3）否认法。又可分为间接否认法和直接否认法。间接否认法适用于不严重的误解，先适度肯定客户的观点，再委婉转变话锋，阐明自己的观点，比如可以说"您这么想有道理，我一开始也是像您这么想的，不过后来了解更多了，发现这事可能还不是这么简单……"。直接否认法适用于比较极端的误解：①对品牌形象、公司声誉和销售顾问人格有负面影响甚至恶意诋毁；②对产品的某些特征/特性理解不正确，影响购买决策。在这些情况下，要直截了当地否定和纠正，可以说"您别急，这件事其实是这样……""这件事您可能有点误解，其实是这样……"。

采用否认法要注意以下问题：①态度要诚恳、平和，不要过分严肃刻板；②措辞要有礼有节，切忌咄咄逼人、有侮辱性的言语；③对于偏执、易怒以及有过激言行的客户，要谨慎使用否认法，避免矛盾升级；④对事不对人，车的事就围绕车说，服务的事就围绕服务说，不要把矛头转向具体的人；⑤时刻不忘自己的终极目标是成交，不是"战胜"客户。

4）拖延法。先对客户的异议给出正面回应，但不马上给出答复和自己的观点，告知客户在随后的流程中会解决他/她的异议。比如客户刚进展厅，先询问某款车的价格，然后对你的报价表示了异议，这时你可以说"要不您先看看车，店里正好有您中意的配置，您看完了咱们再谈价格"。再比如，客户对产品的某个特征/特性提出异议，你可以说"等会儿我给您全面介绍一下这款车，到时候您这个顾虑自然就没了"。

拖延法用得好，有制造悬念的效果，能激发客户的兴致，有利于延长交流时间，获得更多成交机会。

5）对比法。通过陈述第三方（其他客户、权威机构等）的评价和观点，间接地扭转客户的观点，化解客户的异议。比如客户说"这车全重怎么才一吨多,安全性不怎么样吧",你可以一边拿出准备好的资料,一边说"您看,咱们这车在中保研碰撞测试是拿了全优成绩的,一点问题都没有,您放心吧,而且汽车的安全性,咱们不能只看全重,还有……"。

采用对比法要注意提前准备一些实证资料,比如其他客户的订单、权威机构报告、报刊文章、网络文章(提前存在手机里)等。

6)预防法。针对提前归纳总结的高频客户异议,以及通过初步交流判断客户可能会提出的异议,自问自答,先发制人,主动抛出问题,主动解决问题。

4. 处理异议未雨绸缪

怎样让客户的异议在你的预料之中?有经验的销售顾问会在日常工作中记录、总结和分析客户的异议,在开展接待工作前做好预案,并与同事互帮互助进行排演,不断完善预案,这样就能更好地把握和化解客户异议,做到"先发制人",具体见图8-4。

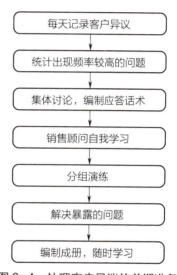

图8-4 处理客户异议的前期准备

8.4 不要反感客户的议价

如今的汽车消费市场已经是"买方市场",消费者的选择多、自由度大,自然拥有更大的议价权。客户异议中可能有90%以上涉及价格,因此,处理客户议价是销售顾问绕不过去的基本功。

1. 客户议价的心理

排除极个别现象,绝大多数情况下,客户议价都是要求降价,这是正常逻辑。应对客户议价不要"就事论事",避免陷入"拉锯战",最重要的是搞清客户议价的心理初衷或动机是什么,见图8-5。比如,"能不能再优惠点"是大多数客户议价的常用句式,但这句话所隐含的初衷和动机多种多样,可能是真的想买,但囊中羞涩,就差这一点钱,也可能是在其他店砍价碰壁,想看看你们店有没有机会,还可能是想探底价,先了解市场行情。

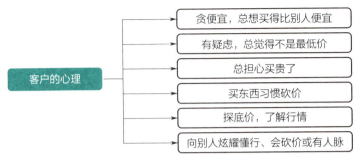

图 8-5　客户议价的心理

2. 客户议价的三个阶段

1）初期议价。在这个阶段，大多数客户还没有明确的目标范围，正在进行大范围的筛选评估，议价的目的大多是看看自己的预算能覆盖哪些品牌和车型，不会对报价较真，只是了解和试探。

2）中期议价。在这个阶段，大多数客户已经锁定了目标范围，心里有了备选的品牌车型清单，议价的目的大多是优中选优，价格不是左右决策的唯一因素，产品的特性、质量、口碑，以及售后保障、二手车保值率等都可能影响决策。

3）后期议价。在这个阶段，大多数客户已经瞄准了明确的目标，议价往往出于"投机心理"，能省一点是一点，但不会过分坚持。

上述三个阶段的详细解读和应对策略见表 8-1。

需要注意的是，有一部分客户，会认为销售顾问耗费了很大精力推进到签约这一步，不可能冒着丢单的风险在议价上寸步不让，因此会表现出咄咄逼人的架势。这种情况下，你要按照 TMD 原则，也就是"三底线"原则（Time—时间、Money—金钱、Decision—决策），来权衡是不是有必要做出让步。如果对于三个问题都是"Yes"，就可以适当让步，继续推进签约；任何一个问题是"No"，都说明让步是没有意义的，这时哪怕客户拂袖而去，你也要坚守底线。

表 8-1　客户议价的三个阶段

项目	初期议价	中期议价	后期议价
议价目的	收集信息，了解行情，确定范围	对比竞品，反复衡量，优中选优	能省则省

（续）

项目	初期议价	中期议价	后期议价
议价特点	不深入，不较真，蜻蜓点水	可能深入，但不较真，试探为主	可能较真，可能进入"拉锯战"
议价话术	"这车高配能优惠多少？"	"A店才报××万，你们怎么这么高？分期还能不能再优惠点？"	"你要是再优惠××元，我现在就签单！""你要给不了这个优惠，我就去别的店了！"
应对策略	设法吸引客户，推进到销售流程，不报底价	设法留住客户，但不轻易报底价	确认客户能不能做主、能不能立即签单或付定金，如果能，可以报底价
应对话术	"您问的这款车现在车源挺紧俏，目前没优惠，不过我们店有现车，您可以过来看看。"	"您说的这个价我们真没卖过，不过我给您算笔账，您就明白他们为什么敢报这么低了。"	"您现在就能签单吗？""您今天方便把定金交了吗？"

3. 议价谈判的原则

记住"优惠可多可少，主要看成交条件"这个大原则，谈判过程中，一要降价有底线，二要让步有策略，见图8-6。

图8-6　议价谈判的心理准备和让步原则

4. 议价谈判的技巧

1）通过产品介绍和需求分析转移客户关注点，拖延议价问题。

客　　户："这车看着不错，能优惠多少？"

销售顾问："我先给您介绍一下这款车吧，您觉得合适咱再商量价钱。"

2）通过对比分析证明本品价值更优或本店能提供更大利益，留住客户。

客　　户："前几天我在A店看这款车，报价比你们低了5000块！"

销售顾问："我给您算笔账，我们不光送贴膜和镀晶，还送您6次小保养，这车一次小保养工时费加材料就得1000多块，您说哪个划算？"

3）用长远价值和利益打动客户。

客　　户："这车比××品牌的××车贵了两万，感觉不太值。"

销售顾问："是，光看指导价确实贵了点，不过您还得看日后的使用成本和二手保值率，咱们这车能加92号油，一年算下来油钱就比那车省了上千块。保值率您就更不用担心了，咱们品牌比××品牌硬气多了，这款车保有量又大，过个两三年您再看看，这俩车二手价能差出不止两万。"

4）用稀缺性促使客户放弃议价、尽快决策。

客　　户："你要能再减5000块，我现在就下订。"

销售顾问："不瞒您说，这车现在特紧俏，我们就这么一台现车了，您今天不订，明天立马就有人提走。"

8.5 报价的原则和方法

报价是销售工作的核心，对销售工作是否能实现预期目标有决定性影响。

1. 先搞清客户意图再报价

就大多数客户而言，无论是电话、网络询价，还是初次进店询价，都是出于了解行情、初步匹配预算的目的，相对随意，不会对报价较真，大概率也不会马上做决策。此时，即使你很认真地报了价，甚至报了实价/底价，到头来销售线索/机会也很可能石沉大海，你只是当了一次"活雷锋"而已。记住，高手手里的牌再好，也绝不会一上来就亮底牌。真正的买家，一定是在了解产品和服务保障之后，才会认真地询价、议价。

因此，面对各种形式的初次询价，正确的做法是先尽可能多地了解客户的背景信息和需求偏好，再根据相应情况判断客户的真实意图，如果购车意向明确，就邀约来店或引入产品介绍和匹配环节；如果只是走马观花，就简单应付，不要浪费精力。

2. 先把产品介绍清楚再报价

对于那些对产品一窍不通，甚至对车型、级别都毫无概念的客户，如果他/她主动让你推荐产品，一定要先把产品的特征/特性介绍清楚，同时尽可能了解对方的需求，确认产品与对方的需求匹配后，再报价。切忌在客户对产品毫无了解或一知半解的情况下报价。

聪明的销售顾问在接待这类客户时，首先向他/她推荐的大多是店里主推的、价格比较高的一款车，并且会说："这是咱们店最畅销的一款，目前优惠幅度也最大。"这样做的目的主要是激发客户的兴致，大多数客户听到"畅销"和"优惠"这两个关键词时，都会下意识地追问价格。此时，聪明的销售顾问会先"卖个关子"，不马上报价，而是说："价钱都好商量，关键是看这车适不适合您，您之前没了解过这款车吧？我先给您介绍介绍。"到这一步，大多数客户都不会拒绝。

产品介绍表面上看是让客户了解产品、匹配需求，实质上是为后面的议价谈判做铺垫。你如果能让客户认同产品的价值，觉得产品和自己的需求匹配度很高，就能掌握议价谈判的主动权，避免陷入"拉锯战"，更不会处于被动境地。

3. 先约束客户异议再报价

先约束客户异议再报价的意思，并不是说报价后不给客户议价的机会，而是通过话术设置一些条件，来限制客户可能的议价空间，比如可以说："不瞒您说，优惠确实可多可少，主要看成交条件，您要是现在能下订，我就给您报个最实在的价。"再比如可以半开玩笑地说："我给您报的这个价可算底价了，我底牌都给您亮出来了，您可不能再往下压了！"如此一来，就给客户设置了多重约束条件："您要是现在能下订"是设置议价条件，换言之就是你答应签约，我才会报实价；"报个最实在的价"是把客户的议价预期和空间都压到最低。

需要注意的是，这一步的"实在价"和"底价"还不是"真实底价"，只是接近"真实底价"，这样才能给后面可能的议价留出空间。

4. 优惠能量化就不用折扣率和百分比

20万元的车，同样的优惠幅度，"九折大促""直降/返现10%""立减

2万元"哪个说法更有吸引力?显然是"立减2万元"。无论折扣还是百分比,都需要计算一下才知道能获得多少利益,很多客户其实不愿意在这种事上费心,更何况如今铺天盖地的"折扣战"已经让人们对这类营销词语麻木了,而"立减××元"直观明了,能让客户不费任何周折就感知到利益。因此,与客户议价讲条件时,能用具体数值,就尽量不用折扣率和百分比来表达。

5. 化整为零强化价值

如果首次报价后客户的反馈是"你们这个价太高了",你可以说:"这20万块确实不是小数,可您这么想,这车您最起码得用三四年吧,就算四年之后您卖了它,按现在的行情,也就亏一半的钱,相当于您只花了10万块就用了四年的大新车。这么算下来,每年也就合2.5万块,算到每个月才2000块出头,您说这年头2000块够干什么,也就是一家子吃顿大餐的钱,您说是不是?"

在没有任何实际让利的情况下,采用"化整为零"或者说"大数化小数"的方法,能在一定程度上"降低"客户对价格的敏感度,"增加"客户的感知价值。

6. 不要报整数

假如你是客户,同样的一款车,销售顾问A给你的报价是20万元,销售顾问B给你的报价是20.15万元,你觉得哪个报价有水分?或者说更让你有"砍价"的冲动?显然是"20万元"这个整数,因为在大多数人的潜意识里,像汽车这样的消费品,极少有按整数定价的,叠加了各种优惠政策之后,是整数的概率就更低了。假如这款车的底价是19万元,你看客户比较靠谱,想报一个相对实在的价,那么合理的做法就是报20.15万元,这样既让客户感觉真实,又能给自己留出进一步议价的空间。

以下是笔者熟识的一位销售顾问对"为什么不能在电话里报底价"这个问题的真实总结,读者朋友可以结合上述报价原则和方法阅读理解:

1)给客户报了底价,到店后他/她就不会砍价了吗?没有客户会在到店后真的按电话里的报价买车。把底价报给客户,客户到店后再砍价你怎么应对?难道要自掏腰包贴钱给客户?

2)怎么能证明电话那边真的是潜在客户?万一是同城竞争对手来套底

价的怎么办？在没有搞清客户的真实身份和真实意图前，绝不能报底价。我的一个同事在电话里给"客户"报了底价，结果 3 天后电话录音就落到了领导手里，同事最后被罚了 1000 块。

8.6 典型客户的洽谈技巧

1. 瞻前顾后型客户

客户表现：顾虑多、异议多，虽然不会轻易放弃，但做决策拖沓。

应对技巧：多一点耐心，多一点平和，先实事求是地介绍产品和服务，然后让客户自己比较权衡，同时做一些必要的引导和解释。

2. 认真挑剔型客户

客户表现：思考周密，对细微的问题和缺陷很敏感，比较固执，做决策很理性。

应对技巧：倾听、引导客户充分发泄对问题和缺陷的不满，让客户感受到尊重和理解。

3. 趾高气昂型客户

客户表现：强势、架子大，喜欢被奉承，但做决策相对果决。

应对技巧：放低姿态，多用"社会头衔"或"企业职务"称呼客户，言谈中不忘伺机称赞客户的真实优点。

4. 自负善言型客户

客户表现：时时刻刻不忘显露自己见识广、懂得多，实际不见得有主见，做决策容易被左右。

应对技巧：耐心倾听，随声附和，给客户"放飞自我"的舞台，不失时机地引导决策。

5. 内敛寡言型客户

客户表现：情绪平和，很少主动提问题和要求，表面缺乏主见，实际决策坚定。

应对技巧：放慢节奏，真诚交流，避免生硬推销，给客户留出充足的自主决策时间。

8.7 捕捉成交信号

邀请客户签单必须把握时机，太早容易引起客户反感，太晚容易导致客户丧失购买欲望。实际上，客户如果真的想"签单"了，就会有意或无意地向你发出一些"信号"，这在心理学上称为"心理上的适当瞬间"，只要你留心观察，就一定能捕捉到正确的签单时机，让交易"一蹴而就"，见图 8-7。

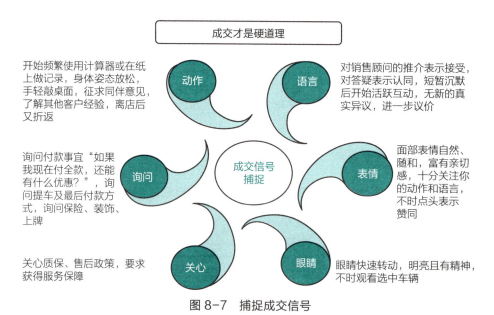

图 8-7 捕捉成交信号

8.8 签约过程的事务性工作

成功进入签约环节后，最重要的就是处理好事务性工作，见表 8-2。

表 8-2 签约过程的事务性工作

签约准备	签约	签约之后
① 正式合同文本； ② 销售单、装饰单、保险估算单； ③ 现有库存车清单； ④ 已成交合同复印件； ⑤ 本季度成交客户清单； ⑥ 上月潜客清单	① 确认包括颜色、配置、车价、交车日期及赠品等在内的条件后，开始填写合同； ② 填写过程中，再次确认车辆所有人、实际付款人、付款方式及衍生业务； ③ 若收定金，则开具收据与订单一起交给客户，叮嘱客户妥善保管，缴车款时带好定金收据	不忘寒暄"恭喜您啊，总算是买到心仪的车了""这回您踏实了吧，马上就能开上新车啦"；尽快送客离店，不宜久留多聊，避免在放松的状态下"说走嘴"，导致客户反悔

签约时的注意事项如下：

1）只谈与签约和后续交车有关的事项，让客户的注意力全部集中到签约和提车上，避免节外生枝。

2）与同事配合，让客户感受到你尽了最大努力，帮他/她争取了最大利益，比如可以和同事约定好，有意让同事帮你协助客户办理手续，在这个过程中，同事可以说"您这车真买值了，我之前都没敢卖过这么低的价/给过这么大优惠"。

3）不要表现出过度兴奋的状态，避免让敏感的客户以为自己"吃亏上当"。

4）签约过程中哪怕客户还有些"抱怨""牢骚"，也千万要忍耐，不要针锋相对，避免客户反悔。

大多数经销店都会根据所售车型的销售情况和店面管理要求，拟定标准的销售合同文本，其中大部分条款属于通用条款，只需要与客户确认即可，而需要"一事一议"的特殊事项，比如优惠幅度、赠送精品装饰和售后服务代金券等，一定要事先确认哪些是自己权限内的，哪些超出了自己的权限需要向上级申请，哪些是经销店层面能决定的，哪些可能需要更高层级的审批，不要盲目写入合同。出售质损商品车时，尤其要注意在合同中准确描述、严谨约束双方权责，避免发生纠纷时处于被动局面。

销售顾问对销售合同中的所有条款都要熟悉和理解，确保能向客户准确解释。尝试做做以下这类练习，有助于熟悉合同条款的概念和含义。

含部分违反现行法律法规内容的销售合同，是____。
A. 完全有效的　　　　　B. 完全无效的
C. 受法律保护的　　　　D. 部分有效的
此题的答案可以在《中华人民共和国合同法》第三章第五十六条中找到。

给客户开具购车发票时，须提供给财务人员的开票信息包括____。
A. 购买人姓名／电话号／车辆合格证
B. 购买人姓名／身份证号／车辆合格证
C. 车主姓名／电话号／车辆 VIN
D. 车主姓名／身份证号／车辆 VIN
此题的答案可以询问你所在经销店的财务人员或熟悉业务的同事。

8.9 怎样应对客户签约后反悔？

销售合同的签订，只是从手续上完成了销售，并不意味着销售工作全部完成了。通常情况下，大多数客户还会对整个过程进行回顾，一旦他/她发现某个环节有失误或疑虑，或因为其他原因改变了决策，就还有可能反悔，这对销售顾问来说无疑是个"灾难"。但只要做好预防工作，就可能避免或减轻损失。

签订销售合同后，客户反悔的情况无外乎以下几种：

1）已付定金，一段时间后改变决策（大多源于选择其他品牌车型或本品其他店报价更低），要求退款。

2）已付定金，一段时间后改变决策，放弃定金失联（额度较小的情况下会发生）。

3）到付定金时突然找理由说暂时无法付款，要过几天再来，可能是给自己留"冷静期"，也可能确实是暂时无法付款。

预防客户签约后反悔的策略见表 8-3。

表 8-3 预防客户签约后反悔的策略

反悔原因	预防策略
受他人影响改变决策	在签约后、交车前,不断肯定、称赞客户的决策,强化他/她的自信心
签合同是一时冲动	合同约定中增大违约代价,比如增加定金额度且不能退还,注意要明确告知客户
对产品或服务还有疑虑	签订合同前时刻关注客户反应,反复询问客户是否有疑虑,把客户疑虑消灭在推介阶段
需求考虑不周	接待过程中尽力挖掘客户需求,反复明确需求
购车人和用车人错位/看车人和决策人错位	接待过程中反复明确购车人与用车人是否一致、看车人和最终决策人是否一致

第 9 章
做好新车交付

导 读

到店提车,是整个销售过程中客户心情最愉悦的环节。你想赢得客户的由衷感谢吗?你想赢得客户的转介绍吗?你想让首购客户成为你的"忠诚客户"吗?做好新车交付工作,你就有可能实现这些目标。

行业调研表明,新车交付环节在购车客户满意度中的权重超过 40%。新车交付环节做得好,能在很大程度上化解之前流程的客户异议,巩固与客户的互信关系,而潦草应付则可能迅速降低客户满意度,甚至导致节外生枝。

9.1 新车交付流程与工作梳理

1. 新车交付基本流程

对于店里有现车的情况，销售顾问要做好选车和交车准备工作，与客户约定提车时间后及时邀约客户到店。对于店里没有现车的情况，销售顾问要做好订车工作，持续关注所订车辆的生产和物流进度，与客户保持联系，直至邀约客户到店提车。做好等待到货阶段的跟进服务，有助于增进与客户的互信关系。新车交付基本流程见图9-1。

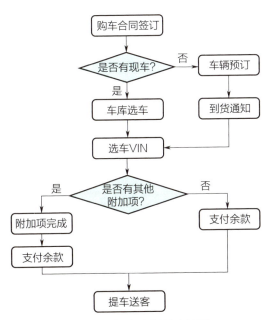

图9-1 新车交付基本流程

需要注意的是，客户签订购车合同后，销售顾问除完善相关手续外，还要逐一确认订货周期、到货后的新车检验（Pre-Delivery Inspection，PDI）

耗时以及增值业务（装饰、精品、验车上牌）耗时，由此计算出相对保守的提车周期并明确告知客户，避免周期估算偏差较大导致客户抱怨。如果等待提车过程中因不可抗力导致延误，必须及时向客户致歉并说明情况，争取客户谅解。向客户发出提车邀约前，务必亲自逐一检查车辆和手续状况，确保万无一失。

2. 流程中具体工作的梳理

图9-2所示为新车交付流程中的具体工作，按照进度排序主要分为三个阶段：第一阶段是交车前的工作，主要包括准备交车相关文件、新车PDI、人员和交车区准备，以及与客户预约交车时间；第二阶段是交车中的工作，主要包括迎接客户到店、点交车辆相关文件（按交接表）、实车环检与就车点交（按PDI表）、说明使用注意事项并进行操作演示（实车操作）、说明质保政策并介绍售后服务、举行交车仪式（合影留念），以及恭送客户离店；第三阶段是交车后的工作，主要包括客户资料归档、规划客户关怀节点、依规实施回访，以及客户关怀管理。

图9-2　新车交付流程中的具体工作

3. 流程中的分工配合

需要强调的是，新车交付工作绝不是销售顾问一个人"唱独角戏"，而是需要多部门、多岗位"协同作战"，见图9-3。在新车交付过程中，销售经理或主管要全程给予关注、协调、支持和指导，在时间合适的情况下，尽可能陪同销售顾问接待客户，这不仅能提升销售顾问对交车工作的重视度和信心，还能让客户感受到关注和尊重，提升经销店的口碑。

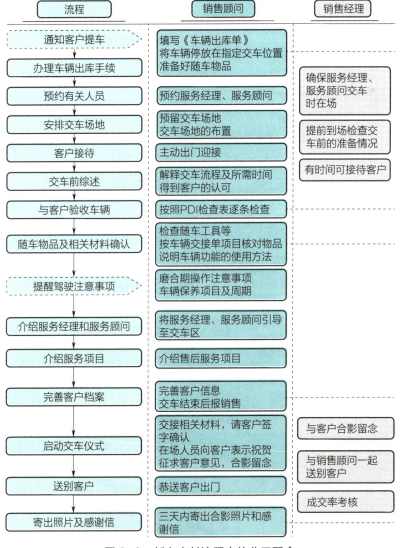

图9-3 新车交付流程中的分工配合

9.2 客户的担忧与期望

在推进新车交付工作前，先要思考和分析客户的担忧与期望，这样才可能真正站在客户的立场上做好全流程的服务工作。只要能消除客户的担忧、满足客户的期望，你就能得到客户的认可与感谢。

1）我的新车是否能按约定时间交付？

2）我的新车内外饰是否无损？所有功能是否处于良好状态？

3）我的新车内外是否都处于清洁状态？

4）我的新车手续和附件是否能一次性全部交付？

5）销售顾问能否耐心、认真地向我讲解使用注意事项并演示功能操作方法？

6）销售顾问能否耐心、认真地向我讲解质保、售后政策和养护常识？

7）销售顾问能否引导我熟悉售后服务流程并帮我引荐可靠的售后服务人员？

8）交车场地和仪式能否让我感受到诚意，是否热情且自然，不会敷衍、冷漠且尴尬？

9.3 交车前的准备工作

交车前的准备工作是整个新车交付流程的基础，符合甚至超越客户的期望，符合品牌厂家或店内的服务标准，是准备工作的目标，见图9-4。

1. 文件手续准备

1）随车资料，主要有车辆用户手册、车辆质保手册、车辆合格证（若代办上牌则原件已交车管所存档）、备用车钥匙及密码条、点烟器/烟灰缸（若有）等。

2）商业文件，主要有购车发票、购置税发票及购置精品装饰的票据等。

3）保险文件，主要有交强险、商业险电子/纸质保单及购险发票。

4）牌照手续（或临牌），主要有车牌、行驶证、机动车登记证。

此外，还有已填写完成的《新车PDI检查表》，以及协作部门的交接签

第 9 章 做好新车交付

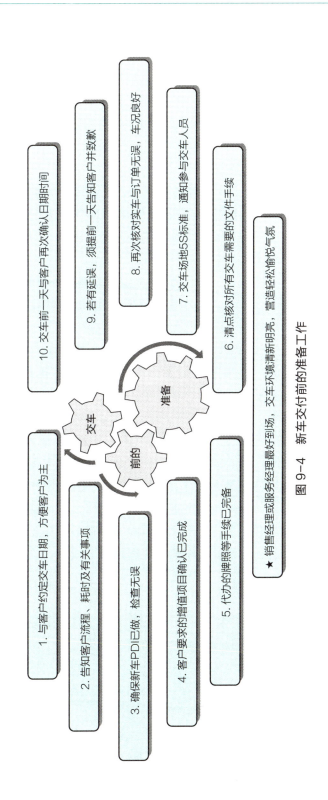

图 9-4 新车交付前的准备工作

字确认文件/手续。

如果客户采用按揭方式支付,则还有金融文件/手续;如果客户采用置换方式购买,则还有二手车置换文件/手续。所有交车相关的文件手续,应提前备好,一并装入专用文件袋并做好一一对应的标记。

2. 待交车辆准备

1)车辆清洁。与客户确认是否需要揭去内外饰部件保护膜、是否需要摘除座椅等部件的塑料套,清洁车身和驾驶舱,重点关注车门密封条、车门玻璃、前后风窗玻璃、后视镜等处的浮尘和水渍。清洁车身时注意避免刮擦、磕碰漆面。

2)外观检查。完成清洁工作后,全面、细致检查内外饰部件有无缺失、损坏、瑕疵、松脱现象。重点关注车身漆面有无刮伤、剥落、凹痕、锈点、气泡、橘纹等缺陷。

3)PDI后检查。完成PDI后,再次进行全面检查。重点关注蓄电池极桩与电缆连接是否牢靠、轮胎气压是否合适、机油油位/转向助力油油位/冷却液液位/玻璃清洗液液位是否合适、中控系统/音响等电气设备是否正常,此外,确保燃油余量≥5升。

4)增值项目检查。检查已约定施工的风窗/车窗膜、漆面打蜡/镀晶等装饰项目是否完成,清点已购置的精品和约定赠送的礼物有无遗漏。如果有代办验车和上牌业务,还要检查车牌是否完好、清洁且固定牢靠。

需要注意的是,车内出厂既有的起提示/说明作用的标签、标牌等,必须在征求客户意见后才能处置;可酌情提前在车内摆放矿泉水或鲜花;上述检查项目务必亲力亲为,并确保在车辆交付客户前完成。

3. 交车场地准备

1)交车区布置。正常情况下,交车必须在店内的专用交车区进行。举行交车仪式前确保交车区整洁有序、气味清新、陈设适宜,照明、音响等电气设备正常可用。待交车辆车头朝外(室外)停放。视客户需求和喜好,可对车辆进行适当布置,例如发动机舱盖上放置彩带、吉祥物或"××先生/女士交车仪式"横幅等,以烘托喜庆气氛。

2)交车区物料。设置专用交车背景板、翻号牌等物料。可在临近驾驶座一侧放置一面160厘米×200厘米的立镜,使客户可以坐在驾驶座上看到自己喜悦和满足的状态,有助于强化客户的愉悦感。茶饮、零食等提前备好,置于专用台/桌上。如果场地空间允许,还可布置交车留影墙,同时准备客户留言簿等物料,在强化客户尊崇感的同时,留影、留言等还可作为未来的宣传物料(在征得客户允许的情况下)。

3)在预算和条件允许的情况下,可专门制作供摆拍的车钥匙模型,或与品牌/车型相关的创意设计品,强化客户的美好记忆。

4. 交车前的其他准备

1)联系客户。确认车辆和交车场地准备完善后,电话或微信联系客户,约定交车的具体日期和时间,告知流程事项和耗时,提示缴纳剩余款项和携带必要证件及文件(购车合同、销售单和定金收据等)。车辆和交车场地准备阶段遗留的一些需要征求客户意见的事项(例如车内标签/标牌、交车仪式环节),注意一起说明并获得客户认可或授权。

2)协调参与交车人员。视情况协调/邀请销售经理、售后/服务经理、服务顾问、客服专员等指导、参与交车流程,强化客户的尊崇感和信任感。

3)出现无法按时交车的情况,必须至少提前一天向客户电话/微信致歉并再次约定时间。即使是恶劣天气、道路管控等不可抗因素导致交车延误,也要尽可能提前告知客户。

在交车准备阶段,与客户保持密切沟通,随时了解客户意愿,掌握客户心理动向,做好异常情况处理,对保证交车工作的顺利完成有关键影响。此外,好记性不如烂笔头,优秀的销售顾问都会做好交车日志,随时记录、更新手头的待交车进度,标注重点事项和客户动态,未雨绸缪。

9.4 交车过程中的工作

新车交付过程要达成的主要目标:
①增进客户对经销店的信任度,为建立长期互利关系打基础。
②增进客户满意度,为挖掘更多商机打基础。
③建立客户与售后部门的联系,为开拓新利润源打基础。
新车交付过程中的主要工作步骤见图9-5。

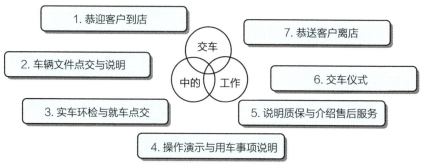

图9-5 新车交付过程中的主要工作步骤

1)恭迎客户到店。出门热情迎接,引导客户至客休区就坐,递上茶饮,简要介绍交车流程,并告知已做好相关准备。

2)车辆文件点交与说明。当面向客户清点、交付车辆文件,逐一向客户讲解文件的作用,提醒客户妥善保存。涉及费用的逐项讲明,避免误会。

3)实车环检与就车点交。引导客户全面、仔细检视车辆内外饰,客户确认无损坏和瑕疵后签署车辆交接表,留底存档。用户手册、质保手册等随车文件可在这一环节清点交付。

4)操作演示与用车事项说明。在车内向客户讲解用车注意事项,逐项演示主要功能的操作方法。

5)说明质保与介绍售后服务。向客户说明厂家质保政策和注意事项,介绍售后服务政策,以及本店售后正常营业时间、服务流程、硬件设备和人员配置情况,告知客户维保咨询和预约/救援/车险理赔服务电话,向客户引荐资深服务顾问。

6)交车仪式。引导客户至交车区,赠送礼品,邀请客户与爱车和交车人员合影留念。

7)恭送客户离店。恭送客户上车,拜托客户回访好评和转介绍。

以下列举了交车过程中的常用话术,供参考。

电话邀约话术

××先生/女士(称谓视情况灵活变换,不必刻板),我是××店的销售顾问××,您现在方便接电话吗?恭喜您呀,您订的××车已经到店了,店里正在做检测和装饰(若有)。您看后天上午10点您方便来店里提车吗？

确认陪同人员关系和人数，特别是车辆的其他使用人： 您是自己来提车？还是有家人和朋友也会来？

满足客户特殊需求： 这段时间您有什么重要的纪念日吗？比如生日、结婚纪念日，我们可以把提车时间改到您生日／结婚纪念日当天，给您做一些特殊安排。

介绍交车流程： 提车的时候我会带您检查一下车况，把文件和手续都交给您，给您讲解一下使用注意事项和售后服务，最后有个交车仪式，整个过程可能要一个半小时，您看没问题吧？

叮嘱来店携带物品和时间： 咱们还有尾款要一次性结清，劳您准备一下，另外定金收据您别忘了带上，还有提车的手续。后天上午10点，我在展厅等您，再见！

客户到店话术

再次简要介绍流程，便于客户配合： 一会儿我先带您看一下车，然后咱们把尾款结了，等手续都办完了，我到车里给您讲一下用车注意事项，顺便把随车的文件都给您放车里，之后我再带您去咱们售后看一下，售后这块您有什么不明白的，到时候都帮您解决，最后还有个交车仪式，这套事都完了，估计总共要一个半小时，您看没问题吧？

车辆文件点交话术

这是咱们车的《用户手册》和《质保手册》，您抽时间看一下，特别是质保政策，保养周期、保养项目之类的，您提前有个了解，到时候能避免不少麻烦。等首保的时候，您记着带上××手续。有什么不明白的您随时找我。

实车环检点交话术

我带您把咱们车都检查一遍，这样您更放心，这是我们的《新车交接确认单》（或《新车PDI检查单》），咱们一项项检查确认，您觉得没问题就打个钩，最后签个名就行了。

> **恭送客户离店话术**
>
> 后续您有什么问题随时找我,咱们保持联系,店里要是有售后优惠或者车主活动,我第一时间通知您。
>
> **拜托回访好评**:过两天可能有个回访,劳您到时候给个好评,给您添麻烦了!
>
> **拜托转介绍**:回头您有亲朋想买车,您就放心往我这带,就冲您的面子,到时候优惠咱们一次到位,也少不了您一份礼物!

9.5 交车过程中的工作要领

1. 文件点交

1)文件手续,按照随车资料、商业文件、保险文件、牌照手续及增值项目的顺序交付客户,同时注意说明文件手续的作用及注意事项,提醒客户妥善保管。

2)结合票据点交,向客户说明各项费用,包括车款、购置税、保险费、装饰费、精品费、代办验车上牌费、分期手续费(若有)、旧车折价和置换补贴(若有)等。

3)随着文件手续的点交,请客户在提前备好的《车辆文件点交表》上逐项确认打钩。待所有文件手续交接完成后,请客户在《车辆文件点交表》上签字,将表收回留存。

需要注意的是,凡涉及费用的项目,无论客户是否要求,都必须向客户详细说明,并提供相应凭据,且必须与事先约定相符。如果有与约定不一致的情况,必须向客户说明原因,获得客户认可(必要时要获得书面签字认可),避免出现纠纷。

2. 车辆点交

1)内外饰验收。陪同客户首先对车身外观进行检查,重点关注漆面有无异常,部件有无缺陷、缺损、松脱,车门、发动机舱盖、行李舱盖能否正常开闭和落锁。然后对内饰进行检查,重点关注部件有无缺陷、缺损、松脱。

2）技术点交。按照《新车 PDI 检查表》所列项目，根据客户意愿起动发动机（电动汽车上电），逐一检查驾驶相关功能、电气设备功能，重点关注发动机舱，检查机油、冷却液、助力转向油（若有）、玻璃清洗液等余量是否正常，蓄电池极桩与电缆连接是否牢靠。

3）随车附件点交。随车附件通常包含千斤顶、工具包、备胎（也可能是补胎工具），部分车型有警示牌（三脚架），少数车型有急救包。随车附件的品种和数量在用户手册中会明确写出，要注意核对。

4）增值项目验收。陪同客户检查约定作业的装饰项目（窗膜、打蜡/镀晶等），以及增购的精品（脚垫、行车记录仪等），按照《增值项目销售单》所列项目，逐项核对验收。

车辆点交完毕后，请客户在《新车 PDI 检查表》和《增值项目销售单》上签字，将表单收回留存。

3. 操作演示

实车操作演示内容见表 9-1。

表 9-1　实车操作演示内容

操作分类	演示内容
外部	①遥控器的使用（开闭锁功能、寻车功能、远程起动功能、开闭窗功能等），机械钥匙的使用； ②中控锁的使用，车窗锁的使用，儿童锁的使用； ③发动机舱盖的开闭锁，检查机油油位、冷却液液位、转向助力油油位、制动液液位、玻璃清洗液液位、蓄电池状态的方法； ④行李舱盖的开闭锁（自动开闭功能、开闭高度调节功能、脚踢感应开闭功能等），备胎存取方法，补胎工具使用方法，随车工具使用方法； ⑤加油口盖的开闭锁，说明推荐使用的燃油标号； ⑥充电口盖的开闭锁，说明充电方法
驾驶相关	①方向盘的调节（手动、电动、位置记忆）； ②座椅的调节（手动、电动、位置记忆）； ③安全带的调节（长度、高度）； ④内外后视镜的调节（手动、电动、外后视镜加热/电动收折/位置记忆/并线提示、内后视镜防目眩、流媒体内后视镜）； ⑤发动机的起闭（起停功能），组合仪表显示功能，指示标识含义； ⑥电动汽车的通断电，剩余电量显示，充放电状态显示；

（续）

操作分类	演示内容
驾驶相关	⑦变速杆的操作（手动、自动），驾驶模式切换（若有），驱动形式切换（若有）； ⑧驻车操纵杆/控制键的操作（自动驻车功能）； ⑨中控台上其他与驾驶相关的功能键操作，例如车身电子稳定（ESP）系统开关等
辅助	①灯光的控制，前照灯、转向灯、日间行车灯、雾灯、警示灯（双闪）、制动灯、示廓灯、地图灯、门灯，仪表亮度调节，内饰氛围灯调节； ②风窗刮水器的控制（刮水速度/频率调节、清洗功能、自动刮水功能），风窗除霜/加热功能； ③倒车雷达的使用，倒车影像的使用，全景影像的使用； ④空调的使用； ⑤中控操作系统及影音设备的使用

4. 用车说明

1）磨合期注意事项。尽管目前大多数厂商不再强调"磨合期"概念，但仍然会在《用户使用手册》中给出一些使用建议，可以按厂商培训要求，结合《用户使用手册》的建议，向客户说明新车到手后（一段时间或里程内）的使用注意事项，例如避免激烈驾驶（急加/减速、高速过弯、频繁转向）、避免发动机长时间高转速运转（3000转/分以上）、避免超载/超速等。

2）日常养护。提醒客户按照《用户使用手册》的规定时间和里程来店进行规定的保养项目作业。此外，提醒客户日常关注：①油液余量、管路/线路状态、发动机运转状态（声音、振动）；②车身漆面，黏附鸟粪、树胶等腐蚀性物质后及时清除，不明显的划痕、掉漆可自行修复；③定期检查轮胎压力，及时清除夹在胎纹中的杂物，发现扎有尖锐异物时不要自行拔除，要到维修店请专业人员拔除；④定期更换空调滤芯，定期清洗空调风道。

3）首保注意事项。提醒客户到店首保时携带：①行驶证，用于车辆备案；②驾驶证，用于用户备案；③购车发票，用于管理系统初始备案；④质保手册，用于记录保养信息和申报首保费用。

4）质保/保修注意事项。向客户说明车辆出现质保范围内的故障/损坏后，如何办理索赔手续，质保索赔流程见图9-6。

5）新车三包条款。向客户说明新车三包条款的主要内容，见表9-2。

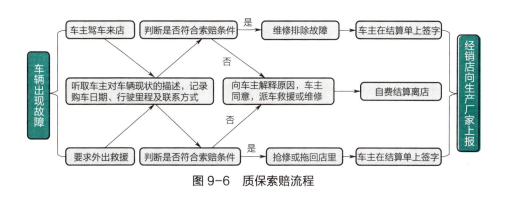

图 9-6　质保索赔流程

表 9-2　新车三包主要条款

三包定义	条款	规则	类型		
			修	换	退
60天/3000公里	新车包修/包换/包退有效期	出现制动系统失效、转向系统失效、车身开裂、燃油泄漏（≥1次）	适用	适用	适用
		发动机、变速器中主要零部件故障（≥1次）	适用	更换总成	
2年/5万公里	整车包修/包换/包退有效期	严重安全性能故障（≥2次）	适用	适用	适用
		发动机、变速器更换总成（≥2次）	适用	适用	适用
		主要总成或系统，因同一主要零部件的产品质量问题（≥2次）	适用	适用	适用
		同一质量问题累计修理5次后（≥5次）	适用	适用	
		修理占用时间累计超过35日（≥35日）	适用	适用	
易损件	易损件包修质保期	易损件范围按照 GB/T 29632—2021《家用汽车产品三包主要零件种类范围及三包凭证》标准的规定	适用		
		质量保证期由企业自定义并明示在三包凭证上	适用		
3年/6万公里	整车包修期	延长至3年/6万公里	适用		

5. 售后服务介绍

1）售后服务人员。向客户引荐资深服务顾问，利用人员公示栏（若有）介绍本店服务顾问、维修技师、备件管理员、索赔员、驻店保险理赔员等人员的资质和职责。

2）售后服务流程。向客户说明营业时间、停车/接待区位置、维保/钣喷业务流程和需要携带的手续，以及售后会员政策和福利，请客户留存救援电话、维保预约电话、保险理赔电话。

3）设备工具。引导客户参观售后服务接待和作业区（在企业规定允许且确保安全的情况下），向客户介绍维保相关的主要设施、设备和工具。

4）原厂备件。引导客户参观备件库（在企业规定允许且确保安全的情况下），向客户介绍备件来源、质量、质保和供应情况。

6. 交车仪式

1）仪式准备。向客户介绍参加交车仪式的经销店人员，可在此环节引荐服务顾问，并请客户留存联系方式，向客户赠送纪念品。

2）交车留影。请客户与所有参加交车仪式的经销店人员合影、与新车合影。如果客户不愿与多人合影，你（销售顾问）至少要争取与客户合影，让客户在回忆提车的美好瞬间时总能想到你。

3）合影氛围营造。可以根据本品牌、车型特点，设置有创意的背景板、装饰物等物料，还可以准备一些服饰、配饰和道具，例如针对硬派越野车，可以准备带旷野景象的背景板，准备牛仔帽、牛仔服等服饰道具，根据客户意愿使用。有条件的情况下，可以在交车区或展厅设置一面照片墙，专门展示不同客户的个性化交车仪式。

7. 恭送客户离店

客户准备离店时，如果事先车辆燃油余量不足，提醒客户及时加油；不忘拜托客户回访好评和转介绍；客户准备上车时，为客户开关门；客户准备驾车离店时，热情挥手道别，目送客户离店。

9.6 交车后不忘深化关系

汽车服务业流传着这样一句话"**销售是播种，售后是收获**"，每一位忠诚客户，都会成为经销店最好的口碑传播者和持续的财源。做好交车后的关系深化和维护工作，是培养忠诚客户的重要一步。

1. 预估到达时间关怀

客户对新车大多有一个熟悉、适应的过程，首次自己驾车回家，除了兴奋和喜悦外，难免有些紧张和不安。你如果能根据前序了解的信息，大致估算客户的行程时间，在客户可能到家时，发去一句简单的问候，例如"××先生/女士，您到家了吧？后续您有关于用车养车的事随时联系我，祝您用车愉快！"，是否会让客户倍感温暖？这也许就是让客户"倾心"于你的完美一步。

2. 客户资料归档

交车流程完成后，你手里应该有这些客户资料：
① 《车辆交接单》或《新车 PDI 检查单》，有客户签字。
② 《车辆文件点交表》，有客户签字。
③ 购车发票复印件、客户身份证复印件、车辆行驶证（若已上牌）。

在经销店自有的客户服务管理系统和厂家的经销商销售管理系统中分别录入客户信息后，还要将有客户签字的表单妥善收纳归档。这些资料的作用：
① 作为经销店基盘客户，便于开展售后的客户服务、关怀和回访等工作。
② 厂家据此统计经销店车辆销售计划完成情况（与销售商务政策的返利奖励等挂钩）。
③ 作为客户享受产品质保的备案依据，每台车的索赔业务审批及权利终止均以开票日期为准。

3. 依规实施回访

所有经销店都会明确规定针对购车客户的回访时间和标准，作为销售顾问，一般要在车辆交付后的第 1 周、第 1 个月、第 3 个月分别对客户进行电话回访，所用话术要分别提前设计，同时做好回访记录和相关问题处理，以深化服务关系。

需要注意的是，由于客服部门的客服专员也会对客户进行回访调查，销售顾问最好在实施回访前与客服专员协调，确保在时间、方式、内容上不产生冲突，避免导致客户反感。

回访工作的主要目标:

1)通过有节律的回访,培养客户对回访的适应性,同时使客户保持对企业的关注。

2)了解客户对销售顾问和经销店的评价,及时改进优化流程、服务和硬件,促进客户满意度提升。

3)倾听客户心声,及时掌握客户的疑虑和抱怨,第一时间处理解决,化"抱怨"为"感谢"。

4)核实客户信息的准确性,了解客户背景情况的变化,为持续推介售后服务活动、了解客户需求建议打好基础。

4. 持续关怀客户

客户关怀工作大致可分为三方面:

1)邀约客户参加本店或厂商举办的活动,包括车主讲堂、车主联谊、新车上市、售后服务月、工时/备件限时优惠等。

2)在传统喜庆节日(元旦、春节、中秋节)/特定人群节日(父亲/母亲节、教师节)、对客户有意义的日子(生日、结婚纪念日)、天气恶劣的日子、有特殊限行/交通管制的日子等,向客户发送问候/提示信息。

3)在客户用车的重要时间节点,询问客户用车情况、叮嘱客户重要事项,例如交车后一周至一个月内,可以电话或微信询问客户对操作是否已经熟悉,使用中遇到哪些问题,同时提醒客户按时/按里程到店首保,强调售后营业时间、来前预约、需带手续等事项。

第 10 章
做好购车客户的回访与跟踪

导 读

"我希望购车后仍然能获得与购车过程中相同的热情服务",这是大多数购车客户对经销店和服务人员的期待。回访与跟踪既是满足客户用车需求的手段,也是经销店持续高效、低成本集客的重要途径。

持续的销售需要持续的潜客,而维护老客户的成本显然比开发新客户低得多,且老客户对经销店的经营贡献往往比新客户稳定。因此,销售高手都格外重视老客户的维护工作,他们深知"客户找你容易,你找客户困难"的道理。你如果想把销售工作做到潇洒自如的境界,就要学会如何回访与跟踪购车客户。

10.1 回访跟踪有什么意义？

客户购车后，会出现什么结果呢？通常情况下，会有两种结果：①对服务或产品不满，从而产生抱怨或投诉，甚至可能出现过激的维权行为；②对服务或产品基本满意，但在使用过程中逐渐或多或少地产生抱怨或投诉。

有鉴于此，新车交付给客户后，绝不意味着服务和销售的结束，而恰恰是新的服务和销售的开始。继续悉心维护与客户的良好关系，是创造新销售机会的需要。

那么，对购车客户的回访与跟踪发挥了什么作用呢？

1）让客户感受到一以贯之的尊重与关怀，维持客户满意度，保证客户回厂率。

2）预防客户抱怨和投诉，避免发生负面事件，或降低负面事件的处理成本。

3）创造更多销售机会，获得更多拓客机会。

从表10-1可见，经销店（汽车销售）经营的循环，实质上是客户经营的循环，经营的实质就是创造源源不断的客流。一方面，在生活水平提高和汽车产品更新换代的双重作用下，4~5年内会有约60%的老客户产生置换需求，这部分老客户相比首次购车客户，销售沟通成本低得多，而成交概率高得多，如果你能维护好与老客户的关系，让老客户对你的销售业绩形成"强贡献"，日常工作自然就会得心应手；另一方面，对销售顾问、经销店及品牌/车型认可度高的老客户，在用车过程中会形成示范效应，成为最好的"广告代言人"，口口相传形成的"口碑影响"往往比商业广告更有说服力，由此带来的转介绍客户，销售沟通成本低，能极大提升销售工作效率。

表 10-1　经销店的客户循环

项目	对象	工作内容	
潜在客户开发	结交"新朋友"	• 建立关系、建立信心 • 介绍公司、介绍产品 • 收集客户资料、了解客户需求 • 与客户约定再访时间	
意向客户促进	H、A、B、C级客户	• 产品信心强化 • 异议处理 • 问题解答	• 需求分析 • 促进成交 • 购车作业说明
相关服务作业	成交客户	• 车款作业 • 上牌作业 • 保险作业	• 交车工作 • 增值业务
基盘客户维系	VIP、保有客户（自销/他销/战败客户）	• 相关产品信息提供 • 相关活动信息提供 • 关系维护 • 售后服务	

10.2　购车客户回访的目标、内容和流程

购车后的客户回访与购车前的客户回访相比，工作形式上没有明显区别，所不同的是工作目标、频次/时间和回访内容。

客户购车前的回访，频次/时间根据客户需求级别确定，回访目标是推进交易进程、促进交易成功，回访内容包括探寻购车动机和决策因素、购车需求、邀约到店和试乘试驾。

客户购车后的回访，频次与时间根据客户的用车频率确定，回访目标是建立长期稳定关系，培养忠诚客户，创造新的销售机会和拓展新的客源，回访内容包括了解客户用车情况、了解客户对产品和服务的意见与诉求。购车客户回访工作的流程见图 10-1。

电话回访是使用最多且最便捷的回访方式，但也经常会出现客户生硬拒绝、不耐烦或敷衍的情况，使工作效果大打折扣，因此要注意以下工作要领：

1）预先通过查阅和研究客户资料，把握客户性情和用车习惯。
2）预先制订回访目标，策划回访话题，设计客户的关心点。

3）预先评估电话中可能涉及的问题，对客户可能提出的问题做好应对预案。

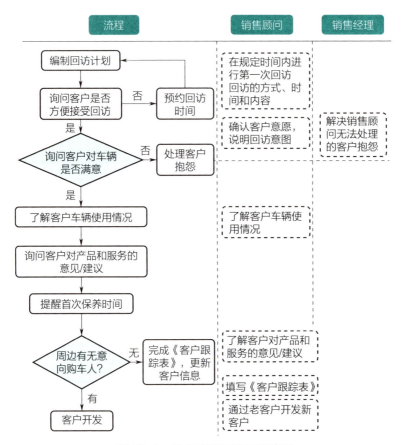

图 10-1 购车客户回访工作流程

10.3 回访和跟踪的技巧

购车客户的回访频率和要点见图 10-2，针对不同类型的客户的回访话题侧重见图 10-3。

客户购车后三个月内的三次回访做得是否成功，决定了你是否能成功留住客户。

图 10-2 购车客户的回访频率和要点

图 10-3 不同类型客户的回访侧重

1. 第一次电话回访

时间：交车后一周内。

话术要点：询问客户是否已经熟悉新车操作；询问客户对车辆功能、性能是否满意，有何疑问或不满；询问客户对自己（销售顾问）和店端的服务有何建议；拜托客户在客服/生产厂家回访中好评，视情况请求客户转介绍。

2. 第二次电话回访

时间：交车后一个月内。

话术要点：询问客户车辆累计行驶里程（通过估计使用频率，判断首保时间和其他销售机会），以及是否已经能熟练操作；询问客户车辆状况（找客户关注点切入，例如油耗/电耗）；询问客户是否接到生产厂家回访，若没有则拜托回访好评；视情况请求客户转介绍。

3. 第三次电话回访

时间：交车后三个月内。

话术要点：询问客户车辆累计行驶里程（大多数客户的车辆可能在这个时间节点达到首保里程），若达到首保里程则叮嘱客户首保注意事项，包括预约方式、需带证件/手续；询问客户用车过程中出现的问题（找客户关注点切入，例如通勤油耗/电耗、长途自驾游性能体验）；请求客户转介绍。

尽管有些生产厂商规定交车当晚或三天内进行回访，但考虑到很多城市有限行政策，以及很多客户初购用车频率不高，可酌情延后回访时间。在具体回访时间的选择上，也要遵循一定的技巧和规律，见表10-2~表10-4。

表10-2 一周内的最佳致电时间

时间	分析
周一	这是大多数客户一周内上班的第一天，可能有很多事要处理或有重要会议，因此要尽量避开。如果有急事必须在周一联系客户，最好选择下午
周二~周四	这是大多数客户一周中工作节奏相对规律的三天，因此最适合开展回访工作
周五	这是大多数客户一周内上班的最后一天，心情相对愉悦，可以选择做用车情况调查或预约保养提醒
周六、周日	在确实了解客户的生活习惯，或事前有约的情况下，可以在周六或周日回访，否则很可能打扰客户休息或娱乐，适得其反

表10-3 一天内的最佳致电时间

时间	分析
8:30—11:00	这段时间大多数客户都在紧张工作，很可能无暇接听回访电话，因此要尽量避开
11:00—12:00	这段时间大多数客户已经处理完棘手的事，工作节奏相对放慢，是合适的致电时段
12:00—13:00	这段时间大多数客户正在吃午饭或午休，除非有急事，否则不要致电
13:00—15:00	这段时间大多数客户正处在困倦、烦躁的状态，尤其是夏天，因此要尽量避开

（续）

时间	分析
15:00—18:00	这段时间大多数客户已经基本处理完当天的工作，处在相对放松的状态，心情也相对愉悦，是最佳的致电时段，建议在这个时段内完成大部分回访

表 10-4　以职业区分最佳致电时机

职业	时机分析
行政人员	10:30—15:00
证券行业	避免在开市时段，最好在收市后
餐饮行业	避免在用餐高峰时段，最好是 15:00—16:00
建筑行业	可选择上午开工前或下午收工后
工薪阶层	17:00—19:00
家庭主妇	10:00—11:00
新闻出版	15:00 后
学校教师	16:00 后
银行业	10:00—17:00
司法行业	10:00 前或 16:00 后
医院医生	11:00—14:00，雨雪天气最佳
演艺行业	最好在上午 / 午饭前
自由职业	最好通过微信或短信提前约定
公务员	最好在工作时段，切勿在午饭前或下班前
会计师	切勿在月初和月末做账结算时段，最好是月中
商人	13:00—15:00

注：上述致电时机仅供参考，同行业的不同客户也可能有很大差异，要因人而异。

4. 回访和跟踪的要领

1）电话接通后，如果客户说不方便接听，一定要询问客户什么时间方便，明确约定好合适的时间。

2）如果客户确实不愿沟通，切勿"死缠烂打"，可以在挂断电话后，尝试用微信或短信形式简要告知其回访意图。

3）除定期回访外，店内有优惠或客户关怀活动时，也要邀约匹配的客户。

4）回访前与本店客服部门沟通协调，避免回访时间和话题"撞车"。

5）每次回访完毕后要记录重点信息和事项，或录入客户管理系统。

10.4 怎样化解客户的不满和投诉？

通常情况下，任何品牌、任何经销店都无法完全避免/消除客户的不满和投诉，但只要遵循"事后控制不如事中控制，事中控制不如事前控制"的原则，就有可能成功化解。

1. 不满和投诉的分类

某调研机构针对全国近万名新购车者开展的调查中，典型的不满和投诉事项如下。

1）没有向客户详细解释合同/协议条款。有 32.81% 的受访者表示在没有仔细阅读、明确理解的情况下，就与经销店签订了购车相关的合同/协议。

2）定金与订金不分。对于提车前预付的部分车款，有 37.02% 的受访者认为是定金，有 21.89% 的受访者认为是订金，有 18.4% 的受访者认为是预付款，有 14.44% 的受访者认为是保证金或押金，还有 8.25% 的受访者表示不清楚款项名目。很多经销店提供的购车合同/协议，往往会（故意）混淆"定金"和"订金"的含义，在"订金"版本的合同/协议中，对自身的违约责任只字不提，只约定消费者的违约责任。另外，至少有 27.72% 的受访者对订购方式不了解、不明确。

"定金"是一个规范的法律概念，是合同当事人为确保合同的订立、生效或履行等而自愿约定的一种担保形式，是违约责任承担的方式之一。定金的履行规则是有明确的法律规定的，在给付定金一方原因导致合同不能履行时，其已交付定金是不予返还的；如果是因为收受定金一方原因导致合同无法履行，则应双倍返还已收定金。

定金成立必须满足以下要件：①最高限额不超过主合同标的的

20%，超出部分一般视为预付款；②定金约定的方式必须是书面形式，只是口头约定则无效；③定金是实践合同，以实际交付为成立要件，如果没有交付，则视为没有约定定金；④定金约定必须明确，如果约定不明确则视为没有约定。

"订金"只是单方行为，一般情况下视为交付的预付款，不具有与"定金"相同的担保性质，不管是哪一方原因造成合同不能履行，给付订金一方都可以主张全额返还。需要注意的是，尽管订金可以全额主张，但不代表不需要承担违约责任，如果给付订金一方给对方造成损失，则对方可以要求损害赔偿；反之，支付订金一方不但可以要求对方返还订金，还可以要求对方赔偿违约损失。

3）验车流程不完善。有33.57%的受访者表示，在提车时，经销店没有履行全面、完善的验车点交流程；39.61%的受访者表示用车过程中发现有提车、验车时没有发现的瑕疵；34.16%的受访者表示经销店没有主动要求消费者验车并填写书面的验收确认单。

4）彼此不信任。有37.86%的受访者认为经销店在销售过程中存在强制消费行为；有32.1%的受访者认为经销店在销售过程中存在巧立名目加价的现象；有42.09%的受访者认为经销店会故意隐瞒汽车瑕疵或汽车真实情况进行销售；49.3%的受访者表示经销店存在夸大宣传或虚假宣传等情况。

5）收费欠透明及一次性修复率不高。仅有16.76%的受访者表示在经销店维修车辆时从未发生过问题。大多数消费者遭遇的问题依次是：保修外维修收费不合理（15.52%），同一故障多次维修仍无法查明原因并修复（14.88%），在保修范围内仍然找理由收费（14.8%），保修外维修价格不透明（14.39%），维修时提供的零部件以旧充新、以次充好（7.94%），维修时提供非原厂零部件（7.52%）。

6）维修单据不规范。详细规范的维修服务单据是消费者维权的重要证据，但有22.18%的受访者表示经销店不会出具详细维修服务单据，37.21%的受访者表示维修服务单据上没有写明故障问题及原因等详细情况。

此外，经销店客情反馈不畅通，是导致不满和投诉升级的元凶。调查显示，与经销店发生消费纠纷后，43.48%的受访者首选与店方协商解决，24.9%的受访者首选请求消协调解，2.54%的受访者首选通过仲裁和法院来解决，2.61% 的受访者首选向行业协会反映，4.63% 的受访者首选向行政部门反映，4.58% 的受访者首选向媒体反映，5.74% 的受访者首选向生产厂商反映。另外，还有 11.52% 的受访者选择"忍了算了"。

2. 不满和投诉的化解要领

1）无论客户方到场的是什么人、有多少人，最好请客户方选出一位代表洽谈。

2）避免在公开场合洽谈，避免洽谈时有不相关的客户在场，减小影响。

3）微笑相迎，态度诚恳，有礼有节，不忘提供茶饮等必要服务。

4）控制情绪，避免争吵，避免攻击性、侮辱性言论。

5）耐心听完客户方的陈述再作出回应。

6）给客户发牢骚的机会，认真记录要点，表示关切。

7）掌握真相，如果确实是自身责任，要委婉道歉，表示愿意提供帮助，或适当提供补偿，切忌轻易作出承诺或只靠补偿息事宁人。

8）掌握客户的真实要求和期望，为客户提供多个可供选择的解决方案。

9）通过提出有启发性的问题，让客户主动筛选解决方案。

10）双方达成一致后，当场签订符合法规要求的书面协议。

10.5 怎样发展老客户转介绍？

1. 发展老客户转介绍的要领

对象、时机和方法是发展老客户转介绍的"三要素"。

1）转介绍的对象：尽管能够转介绍的老客户越多越好，但并不是所有老客户都值得你下功夫发展成"转介绍人"。有潜力成为"转介绍人"的老客户大多具备这些特征：有一定影响力，能影响一批人；欣赏、认可你的工作和为人；有意愿、有热情帮你做事。

2）三个转介绍的最佳时机：客户刚提车时；你为客户做了一些事，客户为此向你表示感谢时；你的产品和服务得到客户认可时。

3）转介绍的方法：设计一套转介绍激励方案，当"转介绍人"为你引荐了一位新客户后，无论最终是否成交，事后一定要感谢，如果成交则必须备上一份心意（精品、优惠券等）；专门准备一个记事本或建立一个电子文档,详细记录每位"转介绍人"的资料,以及他们曾经帮你创造的每一个销售机会,形成自己的"客户关系手册",这会是你从业路上最宝贵的资产。

2. 吉拉德方法的启发

下面看看我们前文提到的销售大师吉拉德在卖出一辆车后会做些什么。

一照、二卡、三邀请

一照:交车时,除把钥匙和文件/手续交给客户外,吉拉德一定会亲自帮客户与新车拍一张合影。这样,以后每当客户看到这张照片时,都会回忆起提车时的喜悦,同时想到吉拉德。

二卡:交车后,吉拉德一定会帮客户建立两张卡,一张记录客户的信息,包括姓名、出生日期、家庭状况、个人爱好等;另一张记录客户的购车节点,以及后续的维修保养情况,这可以视为"最原始"的客户管理系统。

三邀请:客户用车过程中,吉拉德每年至少会邀请他们来公司三次,每次的主题或是检查和保养,或是介绍促销信息,或是鉴赏新车。

此外,吉拉德还会利用一切机会,增加与客户联系的频率,包括每年至少四次向客户表达关怀和谢意;每年至少打五次电话,提醒客户检查和保养车辆,并帮助客户预约;每两个月就会亲自拜访一次客户。

3. 不同类型"转介绍人"的应对策略

1)重名誉,不重现实利益的"转介绍人"。这类"转介绍人"大多喜欢表现自己、爱出风头,交往中要抓住机会为他/她创造"舞台"并多加赞赏,比如举办新车上市活动、客户关怀活动时,多邀请他/她以"荣誉车主""资深车友"身份参加,请他/她上台讲话甚至组织活动,然后酌情颁发各种荣誉奖。

2)重现实利益,有利益马上行动的"转介绍人"。这类"转介绍人"大多重视契约精神,果断实干,可以大胆尝试直接谈"条件",例如赠送精品、保养、配件等,只要你的"条件"让他/她满意,他/她就会卖力帮你介绍新客户。

3）既不重荣誉也不重现实利益的"转介绍人"。这类客户大多不会很用心地帮你，只会在有求于你的时候，才可能帮你介绍新客户。本着能帮则帮的原则，你可以尽量维持与他/她的关系，但不要奢望他/她能带来很多销售机会，也不必在他/她身上耗费过多精力。

4）没有任何诉求，单纯朋友关系的"转介绍人"。这类"转介绍人"纯粹出于友谊帮你，虽然介绍量很少，但成功概率相对较高。你要以"友情"相待，要由衷感谢但不必过分客套。

10.6 对客户维护的延伸思考

1. 端正认识

作为销售顾问，你必须要摒弃：
①把车卖出去，客户就和我没关系了。
②上班时间要服务好客户，下班时间客户来电话就是骚扰我。
③这个客户流失了，我还能再开发新客户。
④产品有问题，要么是厂家的事，要么是客户操作不当，和我没关系。
⑤客户没抱怨就是满意。

你必须要认识到：
①客户永远是经销店最重要的人，无论是到店客户还是来电客户。
②客户并不会唯一依赖我们，而我们的经营必须依赖客户。
③客户有事找我们，永远不是打扰，因为这是我们存在的意义和价值。
④我们与客户交流并不一定能帮到客户，而客户与我们交流始终能帮到我们。
⑤与客户争辩或斗智，你赢的只是眼前。
⑥客户愿意告诉我们他/她的需求，我们的工作才会有目标。

在存量竞争的市场里，新客户开发必然越来越艰难，如果老客户又维护不力，那么结果只能是举步维艰。

2. 做好配合

在汽车经销店的运营体系中，客服部（或称客户管理部）的职能衔接了销售、售后、市场、行政和财务等各个部门，与销售顾问有紧密的工作联系。销售顾问不要对客服的工作产生误解，认为有客服在做客户维护工作，自己就不必再做。实际上，在不与客服回访"撞车"的前提下，你做客户维护工作往往比客服更有优势，更可能做出特色和效果。

10.7 销售冠军的成功之道

最后，我们再回头看看伟大的汽车销售员乔·吉拉德，看看他在维护客户上都做了哪些努力，想想他为什么这样做，如果能理解并掌握他的方法，你离成功也就不远了。

行业人都知道，新客来店成本高、转化率低。一家经销店的大部分利润，都来自回头客和介绍客，因此，经销店和服务人员的成功之道就是维护好老客户。这个道理很好理解，但要真正做到却非常难。吉拉德为此做了哪些努力呢？

①销售的第一步是做"侦探"

忘掉"我"，忘掉"我想"，先考虑客户，客户是怎么想的？客户想要什么？这是所有成功营销的基础。

与老客户见面后，吉拉德总会不失时机地建议他们做一下老车的"价值鉴定"，然后通过对车况的"侦察"，获取很多"老客户情报"。

★ 用汽车的"累计行驶里程数"除以"累计行驶时间（年）"，他能算出客户每天大概会跑多少里程，是否经常跑长途或自驾游，进而相对准确地向客户推荐新车型。

★ 通过车窗上的维保标识，他能判断客户的维护意识和爱车程度，进而向那些重视养护的、爱车如命的人推销保养套餐。

★ 他做车内检查时会打开手套箱，如果发现其他经销商发放的宣传册和报价单，他就能掌握客户在考虑什么品牌和车型，以及竞品的价格，进而有的放矢地推销自己的产品。

②销售的最终目的是赢得人心，而不是卖出产品

吉拉德将自己与客户的关系定义为"朋友"，从"朋友"的视角出

发，他所做的一切都与众不同。

★ 吉拉德喜欢穿波点衬衫，他会在办公室里备上几件全新的同款衬衫，如果客户说："你的衬衫真漂亮！"他马上会说："我送你一件！"然后送给客户一件新衬衫。

★ 吉拉德在办公室里备好了所有主流品牌的烟，只要看到客户吸烟，他就会不失时机地说："拿上这一盒吧！"同时把一整盒烟递过去，注意，不是一支！

★ 除了烟，吉拉德还会在办公室备上几种酒和一些小点心，因为他知道，人在衣食无忧的环境下，更有安全感，更想消费。

★ 有些客户来自偏远地区，他们不知道商品车的标价都是虚高的，会"傻乎乎"地按原价买，这时吉拉德会主动告诉他们："不用付这么多！"然后按正常的优惠价卖给客户，甚至会多送一些礼物。对此，吉拉德说："客户回去后，一定会有人问他／她花了多少钱买车，没人希望别人把自己当成傻瓜，而我也不希望自己被别人当成骗子。"

★ 客户来店里修车时，吉拉德的助手能轻松请出4位经验丰富的维修技工，他们二话不说，就会打开工具箱，马上开始修理。对此，吉拉德说："我和一家很有情调的意大利餐厅签了合约，在每月的第3个星期三，我会请售后部的36位维修技工一起大吃一顿，我给他们关爱，他们就会关爱我的客户！"

③ 一年卖出550辆车的介绍人制度

回头客搞定后，吉拉德还要搞定介绍客。如何让客户心甘情愿，甚至积极地介绍其他客户给你呢？

吉拉德创造了一套简单且有效的介绍人制度：凡是介绍新客的老客，成交后都会得到25美元的奖金（注意，当时的25美元按购买力大概相当于今天的500美元）。

这套制度的运作机制：客户购车后，吉拉德会发给他／她一叠自己的名片，然后请客户在每张名片上签下自己的名字，比如"小强"，再留下客户的一个银行账户。此后，凡是有人拿着"小强"签名的名片来找吉拉德买车，成交后，吉拉德都会给"小强"的账户打25美元。

★ 如果客户是企业经营管理者，吉拉德宁愿不赚钱甚至付出一定成本，也要把他/她发展为介绍人，因此，他时常能一次收获十几名员工的大订单。

★ 吉拉德发现理发师是最好的介绍人之一，他们每天都在和不同的人聊天。因此，他在理发店放了一个小标牌：请向我询问本市最低的汽车价格。一些来理发的客户看到标牌后，会很自然地和理发师聊起汽车。如果客户在理发师的介绍下找吉拉德买车且最终成交，吉拉德就会付给理发师25美元奖金。

★ 吉拉德所在的地区有一家很大的制药公司，他们雇用了很多医生。吉拉德发现，医生们都很精明，而且经常因参加行业会议聚到一起。因此，他发展了大批医生做介绍人，获得了很多新客源。

★ 吉拉德和所在地周边的汽车维修店都有合作，维修店的客户感觉维修报价太高，萌生换新车的想法时，维修人员就会递上吉拉德的名片，对他的服务赞美一番，引导客户去他那买车。

除了25美元的奖金，吉拉德也会频繁照顾介绍人们的生意，以此来维系合作关系：去有合作关系的理发店理发，推荐朋友去有合作关系的理发店理发……

吉拉德卖车是50多年前的事了，但他的商业思维和运作方法在今天看来一点都不过时。他做营销不是靠"出奇创意"，而是靠"系统布局"。很多营销人洞察消费者，只是希望策划一个精彩绝伦的广告创意，期待这个广告能获得尽可能高的曝光率/打开率/浏览量。而吉拉德在洞察消费者后，制订了一套营销制度和运作流程，获得了源源不断的客流。成名后，吉拉德聘请了好几位助理，分别负责接待、报价、客服等工作，他只需要在签约谈判等关键时刻出现。

作为销售顾问，工作有创意当然是好的，但我们更要像吉拉德一样，胸怀一幅宏大版图，建立一套能良性运转的属于自己的营销和人脉体系，这个体系所能释放的能量，要远远超过我们个人。

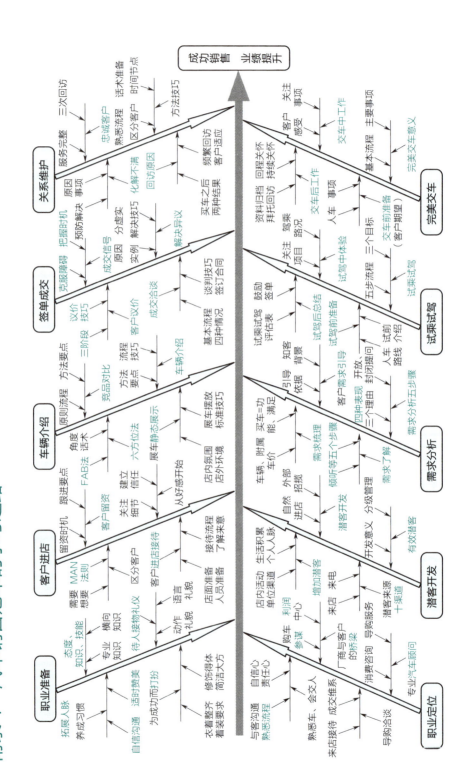

附录 1 汽车销售冠军的学习之路

附录2 汽车销售顾问自主实战训练

流程环节		序号	实战训练要点	评判
展厅接待	来电接待	1	在电话铃响三声之内接听电话	
		2	向客户进行自我介绍	
		3	及时明确地回答客户提出的各种问题	
		4	主动邀请客户来店看车或试乘试驾,并介绍近期举办的店头活动	
		5	询问客户姓名及联系电话并登记	
		6	感谢客户来电,客户挂电话后再挂电话	
		7	将经销店信息和销售顾问信息以短信/微信形式发送给客户,并感谢客户来电	
		8	将来电客户的信息录入"来电客户登记表"或相关系统	
	来店接待	1	展厅门内/外迎接客户	
		2	热情问候客户,迎宾用语	
		3	自我介绍,开场白话术,主动询问客户来店意图	
		4	主动邀请客户坐下并为客户提供茶饮	
		5	适时递送/交换名片并留下客户联络方式	
		6	认真专注地回答客户提出的各种问题	
		7	客户想自己看车时,保持适当距离,让客户随意看车	
		8	面带微笑,关注客户动态,择机提供导购服务	
		9	根据客户意愿导入后续流程或礼貌送别,感谢客户来店	
		10	将来店客户的信息录入"来店客户登记表"或相关系统	
	氛围感受	1	让客户感到热情、亲切、礼貌、专业	
		2	过程轻松,使客户无压力,心情愉悦	
		3	留下客户背景信息	
		4	与客户建立初步关系	
需求分析	需求了解	1	通过观察客户及其同伴到店情况,判断其需求	
		2	提出的问题能让客户轻松回答	
		3	重复客户的重点关切和诉求,确认理解正确	

199

（续）

流程环节	序号	实战训练要点	评判
需求分析	4	主动向客户提供车型资料（配置表等）	
需求了解	5	注意倾听，避免不断提问或滔滔不绝地介绍产品	
	6	充分了解客户背景信息，如职业、家庭，对车辆的偏好	
	7	充分了解客户用车信息，如用途、驾驶者、在用车辆、比较竞品等	
	8	对了解到的信息进行梳理总结，分析判断客户真实需求	
	9	结合旧车推荐新车，适时介绍二手车业务并进行有关说明	
	10	根据了解到的客户信息对其需求进行梳理归纳并向客户确认	
	11	主动向客户推荐车型或邀请试乘试驾	
	12	不冷落客户的同伴	
	13	根据客户意愿导入后续流程或礼貌送别，30分钟内短信/微信或电话问候客户	
氛围感受	1	尽可能多地了解客户信息，确认其真实需求	
	2	语言表达流畅，态度热情，讲解专业	
	3	过程气氛轻松，客户心情愉悦	
	4	让客户感到真诚，获得客户信赖	
产品介绍	1	从客户的关注点和兴趣点开始介绍	
产品介绍	2	在车辆介绍中，不断深化了解，确认客户的需求	
	3	产品介绍及话术能围绕客户的需求开展	
	4	熟练应用六方位绕车介绍法，能够与客户互动	
	5	结合车辆优点/特点，熟练运用FAB方法向客户介绍	
	6	主动引导，鼓励客户体验，突出重点需求	
	7	邀请客户通过坐、摸、看、动，了解车辆功能及操作	
	8	确认所介绍车型符合客户要求与期望	
	9	主动向客户提供车型资料，如配置表或产品比较表	
	10	介绍中适当运用表达技巧，如比喻、暗示等	
	11	介绍中随时观察客户反应，并相应调整介绍方式和内容	
	12	对竞品车型有一定了解，能合理进行本竞品对比分析	
	13	不诋毁贬低竞争对手，提前设计应对竞品问题的话术	

（续）

流程环节		序号	实战训练要点	评判
产品介绍	产品介绍	14	避免在介绍中讨论价格，提前设计应对价格问题的话术	
		15	主动邀请客户试乘试驾或礼貌送别	
	氛围感受	1	产品介绍能激发客户兴趣	
		2	客人对车辆有好感，产生购买意向	
		3	语言表达流畅、自然、亲切	
		4	热情、真诚、专业，获得客户信赖	
试乘试驾	试驾前的准备	1	试驾车辆符合流程工作要求	
		2	试驾人员技能娴熟，熟悉流程	
		3	熟悉试驾路线，备好展示图便于向客户讲解	
		4	验核客户资料，评估驾驶资质，手续复印留档	
		5	填写试乘试驾登记表，签订"试乘试驾协议书"	
		6	备好试乘试驾评估表，向客户讲明试乘试驾目的	
	试驾中的关注	1	车辆静态介绍、操作说明	
		2	向客户说明路线、路况、耗时和流程安排、安全注意事项	
		3	客户先试乘，销售顾问或试驾专员做演示性驾驶	
		4	演示讲解视野、头部/腿部空间，以及座椅、安全带、后视镜等的调节	
		5	演示方向盘、加速/制动踏板、驻车制动器、变速杆、灯光、刮水器等的操作方法	
		6	启动发动机，让客户感受运转品质	
		7	安全路段与客户换手，协助客户调整好座椅、方向盘和后视镜等	
		8	引导客户驾车感受起步、加速、低速、中速、转弯、制动等过程	
		9	关注客户感受，及时解答客户提出的问题，不冷落其同伴	
	试驾结束工作	1	试驾结束引导客户将车辆停回原位，及时收回车钥匙	
		2	结束后主动询问客户的感受	
		3	引导客户填写试乘试驾评估表，强调客户关注的性能和特点	
		4	对明确表达购买意向的客户，及时引导进入签单环节	
		5	客户做出消极评价时，不急于争辩，尝试化解问题	
		6	客户疑问无法当场解决时，详细记录并承诺及时回复	

（续）

流程环节		序号	实战训练要点	评判
试乘试驾	氛围感受	1	客户关注的问题在试乘试驾过程中都得到合理回应	
		2	让客户对车辆的操作及性能有全面了解	
		3	语言表达流畅、工作步骤专业严谨	
		4	让客户感受到热情、真诚，强化其购买意愿	
成交洽谈	签约前的准备	1	邀请客户到洽谈区，避免给客户造成压迫感	
		2	洽谈区要保持清洁舒适，备好茶饮、点心、糖果，音乐灯光适宜	
		3	备好所需资料和工具，如配置表/报价单/装饰项目单/保险估算单/按揭估算单/购车合同/计算器等	
		4	借产品介绍和试乘试驾话题，探寻客户购买意向	
	签约洽谈过程	1	根据客户意向，拟定整体方案，导入价格谈判	
		2	判断客户异议类型，合理应对	
		3	对客户价格异议，分清权限，按企业规范处理	
		4	必要时借助销售经理或店总的支持与配合进行价格谈判	
		5	勤于总结归纳客户异议，编制应对话术	
		6	掌握客户在不同阶段议价的心理及目的，按 TMD 原则编制应对策略和话术	
		7	能熟练运用议价技巧，如拖延法、分摊法、比较法等	
		8	能通过客户表现捕捉成交信号	
	签约实操环节	1	对客户所需车型、颜色、配置、装饰及其他项目再次进行确认	
		2	向客户介绍新车保险方案，熟悉保险项目，用保险估算单试算保险费用	
		3	确认客户需要的车辆装饰、精品及上牌业务，预估价格与时间	
		4	熟悉签订合同方法，协助客户办好交款手续	
		5	提示客户签约的严肃性，避免反悔退单	
		6	熟悉付款开票等财务流程，熟悉开票所需材料及信息	
	暂不成交客户	1	对暂不成交客户，给其留出一定思考和协商时间，不要过分紧逼	
		2	明确原因，制造机会，争取在客户离店前促其做出决定	

（续）

流程环节		序号	实战训练要点	评判
成交洽谈	氛围感受	1	确认客户所选车辆符合其需求，且对购买方案满意	
		2	确认客户对签订的合同条款完全理解和接受	
		3	语言表达流畅、工作步骤专业严谨	
		4	让客户感受到热情、真诚，确保签约过程愉悦	
新车交付	交车前的准备	1	预先准备好交车所需全部文件，分类整理，装入专用文件袋	
		2	确认新车PDI和客户要求的增值项目已完成	
		3	预约好参加交车的店内人员，预约好交车专用场地	
		4	与客户确认交车日期和时间，提前告知客户交车流程和耗时	
	交车中的工作	1	欢迎客户来店，恭喜客户提车，给客户提供茶饮等	
		2	再次向客户说明交车流程和耗时	
		3	文件点交，说明各文件资料的用途，回答客户疑问，引导客户签字确认	
		4	按交车确认表或PDI表进行车辆点交（外观、内饰、发动机舱、行李舱、加装件）	
		5	向客户介绍售后服务人员并介绍质保、维修等服务	
		6	向客户介绍售后服务流程，请客户留存救援、客服、保险、预约等电话	
		7	向客户演示车辆操作并解答客户疑问	
		8	向客户说明跟踪服务程序和增值服务，并确定客户对后续服务方式的选择	
		9	请客户签署交车确认表，与客户合影留念，向客户表示感谢	
		10	恭送客户离店	
	交完车的工作	1	预估客户返程时间致电问候	
		2	将购车客户资料整理归档，录入客户管理系统	
		3	将购车客户信息上报厂家销售管理系统	
		4	分别于客户提车后的第1周内、第1月内、第3月内回访，设计不同阶段话术并做好记录	
		5	持续关怀客户，遇到对客户有意义的日子、经销店服务活动等与客户互动	

（续）

流程环节		序号	实战训练要点	评判
新车交付	氛围感受	1	理解客户担忧，满足客户期望	
		2	帮助客户尽快熟悉新车的操作和养护	
		3	语言表达流畅、工作步骤专业严谨	
		4	让客户感受到热情、真诚，争取转介绍机会	